Johann Ceh

Selbstbewusstsein stärken

–

Selbstzweifel überwinden

Eigene Entwicklungsmöglichkeiten ausschöpfen

© 2018 Johann Ceh
Umschlaggestaltung, Herstellung und Verlag:
BoD - Books on Demand
Norderstedt
Grafik: Sabza/Shutterstock.com

ISBN: 978-3-7460-9068-9

Bibliographische Information der Deutschen Nationalbibliothek
Die Deutschen Nationalbibliothek verzeichnet diese Publikation in der Deutschen Nationalbibliografie; detaillierte Angaben sind im Internet unter http://d-nb.info abrufbar.

Für meine Enkel

Josefine

und

Anton

„Anyone who has
never made a mistake
has never tried
anything new."

Albert Einstein

„Our greatest weakness
lies in giving up.
The most certain way to succeed is
always to try just one more time."

Thomas Edison

„I can´t change the
direction of the wind,
but I can adjust my sails
to always reach my destination."

Jimmy Dean

Inhalt

Vorwort

Viele Menschen pendeln zwischen übertriebenem Selbstbewusstsein und schmerzhaften Selbstzweifeln hin und her und manche kämpfen lebenslang gegen die Überzeugung an, nicht gut genug oder gar wertlos zu sein. Das Gefühl für den eigenen Wert – das Selbstwertgefühl – ist eine höchst labile, volatile, fragile Emotion. In keinem anderen Land wird so viel über das Selbstwertgefühl nachgedacht und geforscht wie in den USA. Nur über das Persönlichkeitsmerkmal Intelligenz gibt es mehr Tests als über den Selbstwert. Der US-amerikanische Psychologe Albert Ellis zum Beispiel sieht das Selbstwertgefühl als Dreh- und Angelpunkt des psychischen Wohlbefindens und er propagiert die Selbstakzeptanz als Zeichen psychischer Gesundheit. Sein therapeutisches Mantra lautet: Ich bin wertvoll, weil ich existiere, einfach deshalb, weil ich lebe.

Die Einstellung der Psychologie zum Problem des Selbstwertgefühls und zu den Möglichkeiten, es zu verbessern, hat sich in den letzten Jahrzehnten gewandelt. Selbstwert ist demnach weniger das Ergebnis von Bewunderung, Lob oder Respekt, sondern man sieht darin viel mehr die fundamentale Fähigkeit, sich selbst zu mögen, so wie man ist. Bezogen auf andere Menschen heißt das: Man liebt jemanden nicht für seine Leistungen oder seine Eigenschaften. Man liebt einen anderen Menschen, zum Beispiel ein Kind, auf eine Art, die unbedingt ist. Dasselbe gilt auch für die Selbstliebe – besser: Selbstakzeptanz. Gesunde Selbstliebe ist nicht darauf angewiesen, dass man immer alle Erwartungen oder Anforderungen erfüllt, sie ist nicht abhängig von dem, was man leistet. Ein gesundes, stabiles Selbstwertgefühl ist positiv korreliert mit einer tief verankerten Selbstakzeptanz. Das heißt nicht, dass sich Menschen mit einem stabilen Selbstwertgefühl angesichts von Ablehnung, Versagen oder Scheitern nicht auch

schlecht fühlen können. Aber, das wirft sie nicht aus der Bahn, weil ihre Selbstakzeptanz eine verfestigte Eigenschaft geworden ist.
Ein solches belastbares psychisches Sicherheitsnetz baut nicht auf Leistungen und Vergleichen auf und ist damit nicht abhängig von äußeren (kontingenten) Bekräftigungen oder Schwächungen, von unbeeinflussbaren Faktoren und Zufällen. Im Gegensatz dazu muss ein Selbstwertgefühl, das auf Leistungen und Vergleichen aufbaut, das ausschließlich von äußeren Erfolgen abhängig ist, ständig abgesichert und erneuert werden.
In diesem Selbsthilfebuch erfahren Sie, wie Sie Ihr Selbstwertgefühl verbessern und stabilisieren können. Das angestrebte Ziel ist: Den eigenen Wert erkennen, Selbstzweifel besiegen, den inneren Kritiker „in Rente schicken" und an dessen Stelle einen Freund installieren, der Sie daran erinnert: Du bist okay, weil du *du* bist!
Mangelndes Selbstbewusstsein ist vor allem die Folge zweier weit verbreiteter Ängste, die aufgrund von Erfahrungen in der Kindheit entstanden sind: Der Angst abgelehnt zu werden und der Angst zu versagen.
1990 veröffentlichte ich das Buch „Ihr Weg zu mehr Selbstbewusstsein. So bringen Sie sich wirksam auf Erfolgskurs", das im Laufe der Jahre drei Auflagen erlebte. Die wesentlichen Inhalte des vorliegenden Werkes wurden – zum Teil in überarbeiteter und ergänzter Form – diesem nicht mehr im Handel erhältlichen Buch entnommen. 2017 erschien von mir das Buch „Ja, ich kann das! Leistungssituationen angstfrei bewältigen. Souverän und gelassen auftreten, entscheiden, handeln". Einige Passagen stammen – ebenfalls überarbeitet – aus diesem Werk.

Johann Ceh *Biberach an der Riß, April 2018*

Selbstbewusstsein versus Schüchternheit und Ängstlichkeit

Ein selbstbewusster Mensch kennt seinen eigenen Wert und lässt auch seine Partner gelten. Er weist verdientes Lob nicht ab, sondern nimmt es gelassen an, er reagiert adäquat auf Reize seiner sozialen Umgebung und drückt seine Gefühle angemessen aus. Selbstsichere Persönlichkeiten verleugnen sich nicht selbst und haben es nicht nötig, andere herabzusetzen, um sich selbst dadurch scheinbar aufzuwerten. Ihnen sind Selbstverwirklichung und Entscheidungsfreiheit meist wichtiger als gewinnen oder verlieren, und sie sind weitgehend unabhängig vom Urteil anderer.

Selbstverwirklichung heißt, dass jemand wird, was er werden kann. Selbstverwirklicht, selbstsicher und human sein bedeutet auch:

- Empfindsam sein, aber nicht empfindlich oder gereizt
- Strebsam sein, aber nicht verbissen
- Überzeugt sein, aber nicht fanatisch
- Konsequent sein, aber nicht rücksichtslos
- Erfolgreich sein, aber nicht überheblich
- Ehrlich sein, aber nicht lieblos
- Humorvoll sein, aber nicht verletzend.

Im Gegensatz dazu zweifelt der schüchterne und ängstliche Mensch häufig an seinen Fähigkeiten – oftmals auch an seinem Wert. Menschen mit einem geringen Selbstbewusstsein sprechen meistens leise. Sie fangen von sich aus nur selten Gespräche an, drücken sich häufig um eine klare Aussage und auch um ein „Nein“ und sie sehen dem Gesprächspartner oft nicht in die Augen.

Selbstzweifel

Alle Menschen – besonders solche mit einem defizitären Selbstwertgefühl (SWG) – haben einen „inneren Kritiker", eine innere Stimme, die ständig an ihnen herummäkelt und sie schlecht macht. In der Regel ist es die Stimme der Eltern oder anderer Erziehungspersonen. Es sind ihre Zurechtweisungen und ihre Kritik, die man verinnerlicht (internalisiert) hat.

Oft handelt es sich um einschränkende Gedankenmuster, die nichts mehr mit der aktuellen Wirklichkeit zu tun haben. Eltern versuchen meist grundsätzlich einen „besseren" Menschen aus ihrem Kind zu machen, und genau das ist auch die Funktion des inneren Kritikers. Er kommentiert und bewertet, kritisiert und beschimpft und er erzählt uns, was wir zu tun und zu lassen haben.

„Geht nicht!", „Klappt sowieso nicht!" – der innere Kritiker hält uns von Veränderungen ab und scheut das Risiko. Im Grunde genommen will er nur ungestörte Geborgenheit ohne jede Veränderung.

Wenn Sie sich überlegen, was grundsätzlich dran ist an der Kritik und den Bedenken, kann der Kritiker sogar als hilfreiches Korrektiv wirken. Akzeptieren Sie Ihre innere Stimme als Teil von Ihnen selbst. Ihr bester Freund wird sie deshalb mit Sicherheit noch lange nicht.

Wenn Sie an Ihren Fähigkeiten, etwas zu sein, zu haben oder erreichen zu können, zweifeln, werden Sie es vermutlich auch nicht erreichen. Sie werden ständig andere beneiden, die den Mut haben, den Sie sich durchgängig versagen, indem Sie an Ihren Fähigkeiten zweifeln und sich einreden, nicht genügend begabt oder nicht gut genug zu sein.

Sie können Selbstzweifel nur überwinden, wenn Sie das tun, woran Sie zweifeln, und wenn Sie dabei erleben, dass Ihre Zweifel unbegründet waren. Wenn Sie das üben, worin Sie unsicher sind, haben Sie die Chance, Ihr Selbstvertrauen zu steigern, und je öfter

Sie erleben, dass Ihnen etwas immer besser gelingt, umso mehr schwinden Ihre Selbstzweifel und Ihr Selbstvertrauen wächst.
Sie können Ihr Selbstwertgefühl verbessern, wenn Sie sich auf Ihre Stärken, Erfolge, liebens- und bewundernswerten Seiten besinnen.
Allerdings: Unspezifische Selbstbestätigungen, Selbstbejahungen (Selbstaffirmationen) wie: „Ich bin stark!“, „Ich schaffe das!“, „Ich bin toll!“, „Ich bin etwas Besonderes!“ bringen – bedingt durch die große Differenz zwischen subjektiver Befindlichkeit und Wirklichkeit – nicht viel. Der Wert von Selbstbekräftigungen und positiven Selbstgesprächen muss durchaus differenziert gesehen werden: Menschen mit einem gut entwickelten, stabilen SWG fühlen sich nach positiven Selbstgesprächen noch besser, während Menschen, die unter ihrem geringen Selbstwertgefühl leiden, sich danach oft als noch schlechter empfinden.
Eine mögliche Begründung dafür könnte sein: Weil die Selbstaffirmationen so extrem vom eigenen negativen Selbstbild abweichen, wird der große Abstand zwischen dem, wie sich eine Person fühlt und wie sie gerne wäre, besonders intensiv wahrgenommen. Das heißt: Wer unter einem geringen SWG leidet, kommt sich nach solchen Übungen nicht selten erst recht als Versager vor. Selbstaffirmationen sind nur hilfreich, wenn sie auf tatsächlich vorhandenen Fähigkeiten und Eigenschaften aufbauen, handlungsorientiert sind und sich auf konkrete Wenn-dann-Situationen beziehen.
Ein Beispiel:
„Wenn mich jemand kränkt, darf und werde ich ihm sagen, was mich ärgert.“

> *"Das Problem dieser Welt ist , dass die intelligenten Menschen so voller Selbstzweifel und die Dummen so voller Selbstvertrauen sind."*
>
> Charles Bukowski

Der Wille zur Macht und zur Überlegenheit

Alfred Adler, den Begründer der Individualpsychologie, störte an Freuds Psychoanalyse vor allem die starke Betonung des Sexualtriebs. Nach Adler gibt es in der menschlichen Psyche einen wesentlich fundamentaleren Impuls als den Eros: den Trieb zur Selbsterhaltung.

Adler sieht im Willen zur Macht und zur Überlegenheit den elementarsten Trieb des Individuums. Bei Menschen, die unter Organminderwertigkeiten[1] leiden, ist dieses Bedürfnis nach Ausgleich – Adler nennt es Kompensation – besonders stark ausgeprägt (vgl. S. 31).

Man unterscheidet drei Arten der Kompensation.

- Der an einer Organminderwertigkeit leidende Mensch trainiert das minderwertige Organ so lange und intensiv, bis sich anderen Menschen gegenüber eine Überlegenheit einstellt.
- Die Organminderwertigkeit bleibt bestehen; es werden jedoch überdurchschnittliche Leistungen in anderen Bereichen angestrebt.
- Die Organminderwertigkeit bleibt erhalten, und der betroffene Mensch flüchtet in die Neurose. Mit Hilfe dieser Erkrankung hofft er – gegebenenfalls durch „Tyrannisierung" seiner Umwelt – Macht ausüben und Überlegenheit gewinnen zu können, da seine Mitmenschen wegen seiner Krankheit Rücksicht auf ihn nehmen müssen.

Kompensation tritt nicht nur bei Organminderwertigkeiten auf.

---

[1] Den Begriff der Organminderwertigkeit führte Adler 1907 ein. Er dachte an einzelne Organe oder ganze Organsysteme, die mangelhaft ausgebildet sind (morphologische Organminderwertigkeit) und an eine den Anforderungen nicht genügende Arbeitsweise von Organen (funktionelle Organminderwertigkeit).

Auch Minderwertigkeitsgefühle allgemeiner Art können Kompensationsverhalten auslösen. Aus einer erlebten – und erlittenen – Schwäche entsteht so Kraft für besondere Leistungen.
Spektakuläre Beispiele für die Anwendung des tiefenpsychologischen Prinzips „Kraft aus Schwäche" sind gelegentlich im Leistungssport zu beobachten.
Wilma Rudolph erkrankte als kleines Mädchen an Kinderlähmung und gewann bei den Olympischen Spielen in Rom 1960 drei Goldmedaillen in den Sprintwettbewerben der Frauen. Beim ehemaligen Olympiasieger im Hammerwerfen Harold Connolly ist ein Arm sieben Zentimeter kürzer als der andere.
Auch das Streben nach Berufserfolg ist vielfach kompensatorischer Natur. Viele bereits erfolgreiche Menschen werden durch einen unbändigen Willen zur Macht immer weiter vorwärtsgetrieben. Eine Ursache dafür ist der Vergleich mit anderen: Fast jeden Tag begegnen sie Menschen, die noch mächtiger und erfolgreicher sind als sie selbst.
Der Versuch, Minderwertigkeitsgefühle durch besondere Leistungen zu kompensieren, ist auf Dauer gesehen jedoch nur dann von Erfolg gekrönt, wenn es gleichzeitig gelingt, die zugrundeliegenden Schwächen zu akzeptieren. Nur dadurch wird die Gefahr der Überforderung vermieden und letztendlich Seelenfrieden erreicht.

Verwechseln Sie Selbstbehauptung nicht mit Aggressivität

Selbstsicherheit ist weit mehr als eine Strategie der Selbstverteidigung. Wer selbstsicher ist, kann sich offen und aufgeschlossen geben, seine Gefühle angstfrei äußern und seine Rechte wahrnehmen und Interessen durchsetzen, ohne die Rechte anderer zu verletzen. Wer für sich selbst eintritt und so agiert, dass er vor seinem Handeln selbst Achtung haben kann, fördert sein Selbstwertgefühl. Man kann davon ausgehen, dass Sie, solange Sie selbstbewusst handeln, Ihr Selbstwertgefühl bewahren. Wenn Sie Zweifel haben, ob eine bestimmte Handlung selbstbewusst war, fragen Sie sich, ob sich Ihr Selbstwertgefühl auch nur ein bisschen gesteigert hat. Beantworten Sie diese Frage mit „Ja", so war sie selbstbewusst. Ist Ihre Antwort „Nein", war sie es nicht.
Selbstunsichere Menschen sind oft passiv. Sie richten ihr besonderes Augenmerk darauf, Konflikten aus dem Weg zu gehen, versuchen häufig andere zu manipulieren und drücken sich oft um die Verantwortung für ihr Tun.
Der „aggressive Mitmensch" hingegen zeigt meist Aktivität und Handlungsbereitschaft bei der Erreichung seiner Ziele und bei der Lösung von Konflikten – allerdings verletzt er dabei nicht selten die Rechte anderer. Selbstbehauptung ist angemessenes Eintreten für sich selbst. Aggressivität richtet sich gegen andere.

„Gewinner“ oder „Verlierer“? – Sie haben die Wahl

„Gewinner“ fühlen sich nicht von der Wertschätzung anderer abhängig, und sie unterscheiden sich von den „Verlierern“ nicht durch die Anzahl der Misserfolge, die ihnen ins Haus stehen, sondern durch die Art und Weise, wie sie mit ihren Misserfolgen umgehen. Wer seine Fehler und Misserfolge erkennt, zu ihnen steht, sie analysiert und die gewonnenen Erfahrungen für das weitere Leben nutzbar macht, verhält sich als „Gewinner“. Im Gegensatz dazu verleugnen und vertuschen „Verlierer“ ihre Schnitzer und suchen die Ursachen für Fehler und Misserfolge ausschließlich bei anderen. Weitere Charakteristika von Gewinner- und Verlierertypen sind in der nachfolgenden Tabelle aufgeführt. Versuchen Sie, sich in der Aufstellung wiederzuerkennen und machen Sie sich mit Hilfe der Hinweise auf den Weg zum Gewinner.
Bedenken Sie: Nicht nur in sportlichen Wettbewerben ist der Abstand zwischen den Siegern und den Nächstplazierten gelegentlich winzig. Auch viele Rennen im Alltagsleben werden durch „Zielfoto-Entscheid“ gewonnen.

Der „Gewinner“	Der „Verlierer“
hat gelernt, sich selbst zu mögen und akzeptiert sich und andere mit Stärken und Schwächen.	mag sich selbst nicht und leidet unter Minderwertigkeitsgefühlen.
reagiert auf das konkrete Verhalten anderer, nicht auf Statussymbole.	ist ausgesprochen autoritäts- und machtgläubig.

„Gewinner“ oder „Verlierer“? – Sie haben die Wahl

Der „Gewinner“	Der „Verlierer“
verhält sich kooperativ und wächst mit den Erfahrungen, die er im Umgang mit seinen Mitmenschen macht.	sieht sich vorwiegend im Konkurrenzkampf und Konflikt mit anderen.
freut sich über seine Leistungen und genießt seine Erfolge.	ist mit dem, was er leistet und erreicht, permanent unzufrieden.
ist nicht daran interessiert, andere zu beherrschen.	möchte andere beherrschen und braucht Menschen, auf die er sich bedingungslos verlassen kann.
verfügt über Autonomie, Spontaneität und Flexibilität.	sehnt sich nach Kontrolle, klarer Strukturierung und Steuerung.
kann zuhören, wenn andere ihm ihren Ärger zeigen und ihn kritisieren.	reagiert verletzt auf Kritik durch andere.
wählt Freunde, die selbst autonom sind und die Autonomie anderer respektieren.	bevorzugt starke und mächtige Freunde.
hilft anderen, wenn sie es wünschen.	verurteilt andere wegen ihrer Fehler.
fürchtet sich nicht davor, Gefühle zu zeigen und auszuleben.	zeigt nur selten Gefühle oder vertuscht sie.
bewahrt sich bei Rückschlägen den Glauben an sich.	sieht jeden Rückschlag als persönliche Niederlage.

Der „Gewinner“	Der „Verlierer“
übernimmt die Verantwortung für sein Leben.	macht andere für seine Lebensgestaltung verantwortlich und haftbar.
betrachtet die Zeit als wertvolles Gut, das er nicht durch sinnloses Tun vergeudet.	„schlägt die Zeit tot“ und hat deshalb keine Zeit zu Muße und Entspannung.
hat situationsbezogene, alternative Pläne zur Auswahl.	lebt starr nach „Plan X“, den er schicksalhaft über sich verhängt erlebt.
kennt seine Vergangenheit, lebt bewusst in der Gegenwart und plant die Zukunft.	lebt in der Erinnerung an die Vergangenheit, träumt von der Zukunft und hat gleichzeitig Angst davor.
benutzt seinen Verstand, um Informationen zu sammeln, zu prüfen und selbstständig zu entscheiden.	benutzt seinen Verstand, um durch Intellektualisierung Mitmenschen zu „erschlagen“ oder durch Rationalisierung eigene Handlungen zu entschuldigen beziehungsweise zu rechtfertigen.
betrachtet und behandelt das andere Geschlecht als gleichwertig.	betrachtet und behandelt das andere Geschlecht als höher- oder minderwertig.

Tabelle 1: „Gewinner“ oder „Verlierer“

Nach der von den amerikanischen Psychologen Eric Berne und Thomas A. Harris entwickelten Transaktionsanalyse kann das „Lebens-Drehbuch“ (Skript) jedes Menschen grob durch vier Grundanschauungen (Lebenseinstellungen, Grundeinstellungen) charakterisiert werden:

- „Ich bin o. k. – Du bist o. k.“
- „Ich bin o. k. – Du bist nicht o. k.“
- „Ich bin nicht o. k. – Du bist o. k.“
- „Ich bin nicht o. k. – Du bist nicht o. k.“

Diese Einstellungen zu sich selbst beziehungsweise gegenüber anderen Menschen werden in der folgenden tabellarischen Zusammenstellung beschrieben.

Ich bin Du bist	o. k.	nicht o. k.
o. k.	Psychisch gesunde Grundanschauung – „Das Leben ist lebenswert“ – die die Position eines Menschen widerspiegelt, der sich und andere akzeptiert, realistische Erwartungen besitzt und Probleme konstruktiv löst.	Introjektive Grundanschauung – „Mein Leben ist nicht viel wert“. Dies ist die Position eines Menschen, der sich im Vergleich mit anderen unterlegen und minderwertig fühlt, sich zurückzieht und häufig in depressive Stimmungen verfällt.
nicht o. k.	Projektive Grundanschauung - „Dein Leben ist nicht viel wert“. Das ist die Position eines Menschen, der sich verfolgt und als Opfer sieht. Für seine Not und sein Unglück ist die Umwelt verantwortlich. Diese Einstellung kann in Aggressivität und Verfolgungswahn münden.	Die Grundanschauung der Sinnlosigkeit – „Das Leben ist nicht lebenswert“. Dies ist die Position eines Menschen, der das Interesse an sich, an anderen und am Leben generell verloren hat.

Tabelle 2: Die vier Grundeinstellungen (Lebenseinstellungen) in der Transaktionsanalyse

Je stärker das Selbstwertgefühl eines Menschen ausgeprägt ist, desto stärker und sicherer fühlt er sich im Umgang mit anderen. Das Selbstwertgefühl drückt das O.k.- oder Nicht-o.k.-Gefühl aus, das ein Mensch in seinen sozialen Beziehungen entwickelt.

Die oben angeführten Lebenseinstellungen sind – aus transaktionsanalytischer Sicht – nicht starr und unveränderbar. Jeder Mensch hat – in der Regel im Laufe eines therapeutischen Prozesses – grundsätzlich die Möglichkeit, „Prägungen" zu erkennen, zu reflektieren und Veränderungen bei sich einzuleiten.
Das Gesprächsziel der Transaktionsanalyse besteht darin, den Partner zu einer „Ich bin o.k. – Du bist o.k.-Haltung" zu veranlassen – jener Grundhaltung, durch die ein Gewinner-Skript gekennzeichnet ist. Ein entscheidender Schritt auf dem Weg zu dieser Lebenseinstellung besteht darin, sich selbst annehmen zu können. „Akzeptieren Sie sich selbst, sagen Sie ja zu sich nach dem Motto: ‚Ich bin o.k.'. Diese Einstellung ist die Grundlage für Veränderungen. Aus der Nicht-o.k.-Position heraus müssen Sie sehr viel Energie darauf verwenden, das unerwünschte Verhalten abzuwehren; Energie, die Sie besser dazu benutzen sollten, Neues zu erlernen und auszuprobieren."[2]

---

[2] Ceh, J.: Konflikte und Aggressionen bewältigen, München 1988, S. 123

Selbstverwirklichung als grundlegender Trieb des Menschen

Selbstsichere Menschen denken positiv von sich und setzen sich sinnvolle und für sie erreichbare Ziele, sie haben also ein realistisches Anspruchsniveau. Selbstverwirklichung ist ihnen meist wichtiger als Erfolg bei jeder ihrer Unternehmungen.

Die Humanistische Psychologie sieht den Menschen als aktives Lebewesen, das sein Verhalten bewusst steuern, beeinflussen und auch ändern kann. Sie geht davon aus, dass der grundlegende Antrieb des menschlichen Organismus auf Selbstverwirklichung zielt – also auf die Entfaltung der eigenen Fähigkeiten und Möglichkeiten. Dieser Antrieb gerät zeitweilig in Konflikt mit dem Bedürfnis nach Anerkennung und positiver Beachtung sowohl durch das Selbst wie durch andere. Wird das Bedürfnis nach Selbstverwirklichung stark eingeengt, werden überwiegend solche Verhaltensweisen gezeigt, die von der Umwelt erwartet und akzeptiert werden, und die tatsächlichen Bedürfnisse und Gefühle werden verleugnet.

Der Psychologe Abraham H. Maslow – zusammen mit Carl Rogers einer der wichtigsten Vertreter der Humanistischen Psychologie – entwarf ein hierarchisch aufgebautes Modell der Bedürfnisse (Motive) des Menschen (vgl. *Abbildung 1*).

Abbildung 1: Bedürfnispyramide nach Abraham H. Maslow

Nach dieser Lehrmeinung kommt ein bestimmter Antrieb erst dann ins Spiel, wenn in der Rangfolge weiter unten stehende Bedürfnisse befriedigt wurden. Der Antrieb, aggressiv zu handeln, zeigt sich demnach nur dann, wenn angeborene Bedürfnisse verleugnet oder frustriert werden. Die Spanne der Motive reicht nach dieser Theorie von Bedürfnissen, die von der Sorge ums nackte Überleben geprägt sind, bis hin zu dem höchstpersönlichen, ganzheitlichen Motiv eines Menschen, seine Fähigkeiten, Fertigkeiten, Wünsche und Bestrebungen in gegebenen Situationen – im Sinne eines für ihn sinnvollen Lebens – zu integrieren und zu realisieren. „Von den Menschen auf diesem Niveau der Motivationsentwicklung kann man sagen, dass ihre Handlungen und Schöpfungen in hohem Maß spontan, arglos, offen, selbstenthüllend, unredigiert und deshalb expressiv sind.“ [3]

Nach Auffassung von Maslow sind in der Geschichte der Menschheit nur wenige Personen dem Ziel der Selbstverwirklichung sehr nahe gekommen (Abraham Lincoln in den letzten Jahren seines Lebens, Thomas Jefferson, Albert Einstein, Albert Schweitzer, ...). Maslow beschäftigte sich in seiner Studie mit den Biographien historischer Persönlichkeiten und führte Interviews mit Zeitgenossen durch. „Die Kontakte waren zufällig und von der üblichen gesellschaftlichen Art. Freunde und Verwandte wurden befragt, wo es möglich war. Deshalb und auch wegen der kleinen Anzahl der Versuchspersonen als auch der Unvollständigkeit vieler Angaben ist eine quantitative Präsentation nicht möglich: Nur zusammengesetzte Eindrücke können angeboten werden, was immer sie auch wert sein mögen. Die holistische Analyse dieser Eindrücke liefert,

[3] Maslow, A. H.: Motivation und Persönlichkeit, Reinbek bei Hamburg 1981, S. 163

als wichtigstes, nützliche Merkmale selbstverwirklichender Menschen."[4] In diesem Zusammenhang nennt Maslow Charakteristika der Selbstverwirklichung:[5]

- Selbstverwirklichte Menschen verfügen über eine bessere Wahrnehmung der Realität und bequemere Beziehungen zu ihr.
- Sie akzeptieren sich selbst, andere und die Natur.
- Sie zeichnen sich aus durch Spontaneität, Einfachheit und Natürlichkeit.
- Sie sind problemzentriert.
- Sie sind objektiv und haben ein ausgeprägtes Bedürfnis nach „Privatheit".
- Selbstverwirklichte Menschen zeigen Unabhängigkeit von Kultur und Umwelt; sie sind willensstark und aktiv handelnd.
- Sie zeigen den wesentlichen Dingen im Leben gegenüber eine „unverbrauchte Wertschätzung".
- Viele von ihnen verfügen über mystische Erfahrungen.
- Sie haben ein ausgeprägtes Gemeinschaftsgefühl.
- Sie sind zu tiefen interpersonellen Beziehungen fähig.
- Sie zeigen eine „demokratische Charakterstruktur".
- Sie können zwischen „Mittel und Zweck, Gut und Böse" unterscheiden.
- Sie verfügen über einen „philosophischen, nicht feindseligen Sinn für Humor".
- Sie sind ausgesprochen kreativ, originell oder erfinderisch.

---

[4] Ebd., S.183

[5] Vgl. ebd., S. 183ff.

Überlegen Sie einmal, welchen Grad der Selbstverwirklichung Sie sich zuschreiben würden. Abraham H. Maslow versucht, Ihnen einen Weg zur Ausschöpfung Ihrer Fähigkeiten zu zeigen. Es liegt an Ihnen, diesen Weg zu beschreiten. Betrachten Sie in diesem Zusammenhang die Bedürfnispyramide von Maslow noch einmal aufmerksam und reflektieren Sie darüber. Sie werden die Stufen erkennen, auf denen Ihre Bedürfnisse nicht optimal befriedigt werden; Ihre speziellen Defizitbereiche, die Sie gegebenenfalls daran hindern, dass Sie die Spitze der Pyramide erklettern können. Zur Verdeutlichung des Gesagten finden Sie in Abbildung 2 eine „Umkehrpyramide"[6], die Ihnen die Quellen Ihrer bisherigen Misserfolge nochmals deutlich vor Augen führt.

---

[6] Ebert, K. / Ebert, K.D.: Erfolg ist kein Zufall, Düsseldorf 1987, S. 18

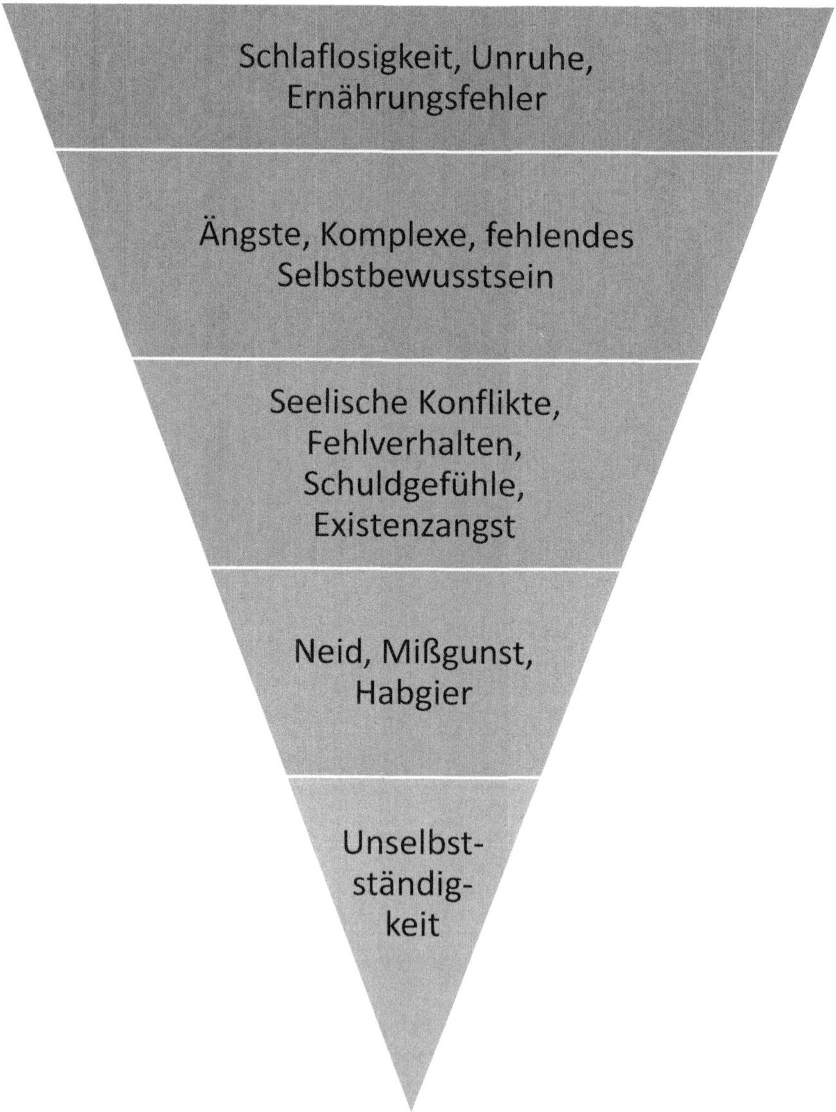

Abbildung 2: „Negativpyramide" nach Ebert/Ebert

Beantworten Sie sich nun *schriftlich* die folgenden Fragen:

- Welche Defizitbedürfnisse erlebe ich gegenwärtig?
- Wie verspüre ich Nichterfüllung bzw. Mangel?

Abwehrmechanismen im psychoanalytischen Sinn

Nach der Konzeption von Sigmund Freud ist jemand seelisch gesund und gut angepasst, wenn er sich in „Liebe und Arbeit" gleichermaßen erfolgreich betätigen kann. Freud wuchs in der viktorianischen Ära auf und erfuhr dabei, wie die Gesellschaft ihren Kindern beibrachte, dass es weitgehend verwerflich sei, elementare Triebe auszudrücken. Daraus resultiert die weitverbreitete Auffassung, dass jeder, der in einer solchen Gesellschaft aufwächst, versuchen wird, sich im späteren Leben nahezu permanent gegen Triebimpulse zur Wehr zu setzen.

Nach Freud ist unser aktuelles Verhalten und Erleben das Ergebnis des Zusammenwirkens von drei psychischen Instanzen:

- ES: Triebansprüche; Bedürfnisse; Handlungen nach dem „Lustprinzip"
- ÜBER-ICH: Norm- und Wertvorstellungen
- ICH: Wahrnehmung der Realität; Vermittlung zwischen ES und ÜBER-ICH; Verbindungsinstanz zur Außenwelt; Kontrollfunktion gegenüber dem ES; Realisierung beziehungsweise Abwehr von Triebansprüchen.

Das ständige Mit- bzw. Gegeneinander von ES, ICH und ÜBER-ICH macht die Dynamik der menschlichen Persönlichkeit aus.

Dem ICH kommt in diesem Spiel der Kräfte eine zentrale Funktion zu. Zugelassene Triebansprüche werden vom ICH gesteuert und entsprechende Bedürfnisse können befriedigt werden. Probleme entstehen jedoch bei nicht zugelassenen Triebansprüchen: Sie können Angst erzeugen. Das ICH hat in diesem Zusammenhang die Aufgabe, die nicht zugelassenen Triebansprüche des ES – mit Hilfe der Abwehrmechanismen – so unter Kontrolle zu halten, dass keine Angst entsteht. Aufgabe dieser Mechanismen ist also die Abwehr nicht realisierbarer Triebansprüche – meist versagt das ÜBER-ICH die Realisierung – und der dabei unter Umständen entstehenden Ängste. Abwehrmechanismen helfen Triebenergie abzuführen. Dabei werden die ursprünglichen Triebregungen in der Regel in einer für das ICH „verhüllten", also nicht erkennbaren Form abreagiert.

Zur Ausbildung von Abwehrmechanismen führen also Triebwünsche, die nicht befriedigt werden können, deren Befriedigung aber auch nicht aufgeschoben werden kann.

Wenn das Selbstwertgefühl – der Schutzwall der Persönlichkeit – in Gefahr gerät, greift der betroffene Mensch unbewusst zur Selbsthilfe und mobilisiert seine Abwehrmechanismen. Widerstand und Abwehr in uns selbst können somit durchaus sinnvoll sein, um unser Selbstwertgefühl zu schützen und unsere Existenzängste zu verringern. Abwehrmechanismen können jedoch ebenso unseren Blick für die Wirklichkeit trüben. Extrem stark ausgeprägte Abwehrmechanismen, die beim Auftauchen von Spannungen, Konflikten und Diskrepanzen sofort voll aktiviert werden, verhindern eine realistische Prüfung und Bewertung einer Problemsituation; die Wahrnehmung wird verzerrt.

Abwehrmechanismen bestimmen die oft eigenartigen „Winkelzüge" des menschlichen Verhaltens. Solche Abwehrmechanismen, die Menschen einsetzen, um psychisch mit einer Bedrohung oder einer unangenehmen Wahrheit fertig zu werden, sind in der psychologischen – und besonders in der psychoanalytischen – Literatur häufig beschrieben worden. Im Folgenden werden einige, durch Abwehrmechanismen bedingte, Realitäts- und Wahrnehmungsverzerrungen erläutert. Das Wissen um ihr Vorhandensein und ihre Ursachen kann Ihnen den Umgang mit ihnen und gegebenenfalls ihre Bekämpfung erleichtern.

Verdrängung

Die Verdrängung ist der wohl bekannteste Abwehrmechanismus. Unerwünschte, angstauslösende Triebimpulse (sexuelle Erlebnisse in der Kindheit, ein Seitensprung des Ehepartners, „Blamagen" vor anderen, Demütigungen, ...) werden vom Bewusstsein ins Unbewusste verdrängt.

Beispiele:

- Herr X will nicht wahrhaben, dass er eigentlich aus seiner Ehe ausbrechen will.
- Ein hochintelligenter Mitarbeiter versagt bei einer innerbetrieblichen Qualifizierungsmaßnahme völlig und reagiert mit Schweißausbrüchen und Zittern. Später stellt sich heraus, dass ihn diese Prüfungssituation unbewusst an ein Verhör erinnert hatte, dem er sich in der Kriegsgefangenschaft unterziehen musste.

Projektion

Angstauslösende Triebimpulse werden anderen in die Schuhe geschoben. Die Missbilligung eigener Unzulänglichkeiten und „unmoralischer" Wünsche wird auf andere Menschen übertragen.

Beispiele:

- Frau Y: „Die Männer fangen immer an zu flirten; ich will das gar nicht."
- Jemand unterstellt einer anderen Person Homosexualität, weil er selber Angst vor seiner eigenen Homosexualität hat.
- Ein Angestellter versucht mit allen - auch unfairen – Mitteln, eine bestimmte Position im Betrieb zu erreichen. Als sein Versuch aufzusteigen, endgültig fehlschlägt, bezichtigt er die anderen, mit unlauteren Methoden gearbeitet zu haben.

Rationalisierung

Versuch, einen Triebimpuls durch „Erklärungen" zu rechtfertigen, um die Angst zu verlieren. Eigene Bedürfnisse, Wünsche und Impulse, die einem selbst als inakzeptabel erscheinen, werden „wegerklärt" und dabei anderen Menschen zugeschrieben. Das eigene

Verhalten erscheint einem so, vor sich selbst und vor anderen gerechtfertigt.

Beispiele:

- Herr Z: „Es ist doch nichts dabei, wenn man ‚fremdgeht', das machen doch alle."
- Ein Schüler mit guten Noten wird von Mitschülern als „Streber" abqualifiziert.
- Unter Leistungsdruck stehende Arbeitnehmer sehen im „Aussteiger" einen Menschen, der ihnen durch sein Faulenzen auf der Tasche liegt.
- Häufig wird eine nachträgliche, verstandesmäßige Rechtfertigung eines Misserfolges versucht. Dabei gibt es zwei Möglichkeiten:
  Die „Saure-Orangen-Rationalisierung":
  Jemand macht ein Ziel, das er – aus welchen Gründen auch immer – nicht erreichen konnte, im Nachhinein madig.
  Die „Süße-Zitronen-Rationalisierung": Ein eigener Misserfolg, wird zu einem Erfolg hochgejubelt.

Kompensation

Es wird versucht, Frustrationen auf einem Gebiet durch übermäßige Befriedigung in einem anderen Bereich zu kompensieren. Eine persönliche Schwäche soll durch Überbetonung eines erwünschten Charakterzuges verhüllt werden (vgl. dazu auch S. 12f.).

Beispiele:

- Eine Frau kompensiert eine zerrüttete Partnerschaftsbeziehung durch soziales Engagement.
- Jemand hat sich für regelmäßiges Schachspielen im Kollegenkreis eingesetzt. Als nach einiger Zeit ein Betriebsschachclub gegründet und er nicht zum Vorsitzenden gewählt wurde, verlor er die Lust und bewarb sich für einen Posten im Betriebsrat.

Verleugnung der Realität

Man versucht sich vor der unangenehmen Wirklichkeit zu schützen, indem man sich weigert, sie wahrzunehmen. „Vogel-Strauß-Politik“ ist die umgangssprachliche Bezeichnung für diesen Abwehrmechanismus.

Beispiele:

- Um die für ihn angsteinflößende Realität seiner bevorstehenden Pensionierung nicht wahrnehmen zu müssen, initiiert jemand in dem Betrieb, in dem er beschäftigt ist, eine Reihe von Projekten, die er vor dem Eintritt in den Ruhestand nicht mehr abschließen kann.
- Jemand will die Abschiebung auf einen unwichtigeren Arbeitsplatz nicht wahrhaben und tut so, als hätte sie nicht stattgefunden. Er hält sich immer noch für den unentbehrlichsten Mitarbeiter und signalisiert dies durch sein Verhalten auch ständig.

Verschiebung

Aufgestaute – gewöhnlich feindselige – Gefühle entladen sich auf Objekte, die weniger gefährlich sind als diejenigen, welche die Emotionen ursprünglich ausgelöst hatten. Das Triebobjekt, auf das sich die Regung ursprünglich richtete, wird durch ein anderes ersetzt.

Beispiele:

- Ein Mitarbeiter lässt Unzufriedenheit und Wut an seiner Familie aus, statt an seinem Vorgesetzten, der der eigentliche Verursacher seiner schlechten Gefühle ist.
- Suche nach „Sündenböcken“ als schwächere Ersatzobjekte.
- Freud stellte bezüglich Leonardo da Vinci die Behauptung auf, er habe sexuelle Wünsche der eigenen Mutter gegenüber auf das Bedürfnis verschoben, Madonnen zu malen.

Identifikation

Durch Identifikation mit einer Person oder Institution von höherem Rang soll das eigene Selbstwertgefühl gestärkt werden. Wer kollektiven Leitbildern nachstrebt, hat oft ein schwaches Ich und arbeitet an seinem Selbstbild, statt sein Selbst zu stärken und sich selbst zu verwirklichen. Er will werden, wie er seiner Meinung nach sein sollte.

Beispiele:

- Jemand übernimmt zunächst verschiedene Eigenarten der Sprechweise seines Chefs. Später zeigen sich auch auffällige Ähnlichkeiten in der Kleidung, im Lebensstil und im Verhalten in bestimmten Situationen.
- Um sich wehren und die Angst vor einem Aggressor reduzieren zu können, macht sich jemand die Eigenschaften des Angreifers zu eigen („Identifikation mit dem Aggressor").

Reaktionsbildung

Dieser Abwehrmechanismus wird auch als „Verkehrung ins Gegenteil" bezeichnet. Unerlaubte, das heißt sozial abgelehnte und verpönte Triebansprüche werden ins Gegenteil verkehrt und vehement vertreten. Man versucht, angstbeladene Wünsche zu vermeiden, indem gegenteilige Absichten und Verhaltensweisen überbetont werden.

Beispiele:

- Jemand engagiert sich als Leiter einer Bürgerinitiative gegen Pornographie in Kinos, weil er durch seine eigenen sexuellen Triebansprüche verängstigt wird.
- Tatsächliche Feindseligkeit wird in ausgesuchte Höflichkeit – oder sogar devotes Verhalten – verkehrt.
- Eine Mutter, die ihr Kind unbewusst ablehnt, ist überbesorgt um das Wohl des Kindes und verzärtelt und verwöhnt es.

- Ein Unternehmer, der rücksichtslos andere Menschen ausbeutet, versucht seine soziale Einstellung dadurch zu zeigen, dass er für eine Reihe von Institutionen großzügig spendet.

Regression

Dabei geht es um den Rückzug auf eine frühere Phase der Libidoentwicklung mit primitiveren Reaktionen und in der Regel niedrigerem Anspruchsniveau, da die aktuellen Triebregungen als „unerlaubt“ empfunden werden.

Beispiele:

- Jemand fühlt sich bedroht oder frustriert und fällt auf frühere, in der Kindheit oft praktizierte Verhaltensweisen und Problemlösungen zurück: Tagträume, Wunschphantasien, Trotzverhalten, clowneriehaftes Überspielen von Angst, kindhaftes Bitten und Betteln.
- Ein achtjähriges Kind beginnt wieder einzunässen, nachdem ein Geschwisterchen geboren wurde.
- Kinder, die in den ersten Schuljahren überfordert werden, benutzen gelegentlich wieder eine babyhafte Sprache.

Konversion

Dieser Abwehrmechanismus heißt auch: Flucht in die Krankheit. Dabei geht es um die Umwandlung unbewältigter, starker Erlebnisse in körperliche Symptome (Herzbeschwerden, Magenschmerzen, Schweißausbrüche, Übelkeit, Erbrechen ...). Konversionen sind ein Indiz für eine akute Schädigung des Selbstwertgefühls.

Sublimierung

Sublimierung heißt: Befriedigung nicht erfüllter sexueller Bedürfnisse durch von der Gesellschaft akzeptierte Ersatzhandlungen. Dabei geht es um einen zweifelhaften und nur im Nachhinein feststellbaren Abwehrmechanismus. Häufig wird das Beispiel des Kindes genannt, das lustvoll und viel aß und später ein berühmter Koch wurde. Sicher wird auch nicht jeder, der als Kind gerne mit seinem Kot gespielt hat, im späteren Leben ein berühmter Bildhauer oder Maler.

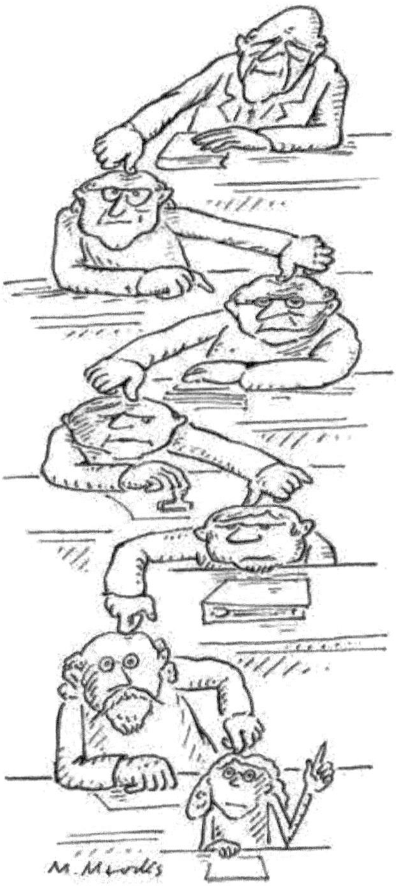

Abbildung 3: Verschiebung von Aggressionen. Quelle: Marcks, M.: Krümm Dich beizeiten!, Heidelberg/Wiesbaden 1980

Erkennen Sie Ihre Schwachstellen

Werden Sie sich zuerst Ihrer Fähigkeiten und Fertigkeiten bewusst. Notieren Sie – auch zur Steigerung Ihrer Selbstachtung – alle Eigenschaften, Fähigkeiten und Fertigkeiten, auf die Sie stolz sein können. Warum sollen Zuverlässigkeit, Hilfsbereitschaft und Freundlichkeit weniger wert sein als ein brillantes Denkvermögen? Stellen Sie Ihr Licht nicht unter den Scheffel. Versuchen Sie, Ihre Vorzüge ganz bewusst zu unterstreichen.

Denken Sie über die Anforderungen nach, die Ihre berufliche Tätigkeit und Ihr Privatleben an Ihr Wissen, Ihr Können, Ihr Verhalten und Ihre Persönlichkeit[7] stellen.

Machen Sie Bilanz: Stellen Sie den Anforderungen Ihre Fähigkeiten und persönlichen Eigenschaften gegenüber. Ermitteln Sie Ihre Minimumfaktoren („Engpässe“). Bemühen Sie sich darum, für jede gefundene Schwachstelle eine oder mehrere Möglichkeiten zu finden, um sie gezielt anzugehen.

---

[7] Unter „Persönlichkeit“ wollen wir hier – analog dem Sprachgebrauch der Rational-emotiven Therapie – die Gesamtheit der *erlernten Gewohnheiten* verstehen.

Ihr Leben – stets Risiko und Chance zugleich

Eine Reihe von Ängsten wird im Laufe des Lebens erlernt. Kinder, die in Geborgenheit aufwachsen, sind weitgehend frei von Ängsten und risikofreudig. Viele Erwachsene verlieren bei ihren Ängsten vor den möglichen Risiken einer Sache oder eines Vorhabens die damit verbundenen Chancen aus ihrem Blickfeld.

Chance und Risiko – im Sinne einer größeren oder geringeren Wahrscheinlichkeit, dass etwas Unangenehmes oder gar Bedrohliches passiert – gehören zusammen. Sie sind die zwei Seiten ein und derselben Münze, die Leben heißt. In China weiß man seit jeher um solche Zusammenhänge. Die Chinesen haben für Chance und Krise das gleiche Wort und damit das gleiche Schriftzeichen (Abbildung 4).

Abbildung 4: Chinesisches Schriftzeichen für Krise ***und*** *Chance*

Aktivität ist die Voraussetzung dafür, eine Chance ergreifen zu können – und jegliches Handeln ist mit Risiken verbunden. Die Zerrbilder missverstandener Risiken erzeugen Ängste. Ängste lähmen das Handeln und reduzieren damit die Chancen.

Bei der Abwägung zwischen Risiken und positiven Möglichkeiten des Lebens muss man sich darüber klar sein, dass es nicht möglich ist, absolute Sicherheit zu schaffen. Sicherheit ist nicht die Vermeidung aller Risiken, sondern ein Weg zwischen den Risiken hindurch.

Wagen Sie Ihr Glück, aber betrachten Sie es als Dreingabe

Die Glückssehnsucht gehört zum menschlichen Dasein und Glück ist ein schillernder Begriff mit drei Grundbedeutungen: Glück als Fügung des Schicksals zum Guten, als kurze, euphorische Empfindung und als Unerschütterlichkeit des Gemüts.
Über den richtigen Weg zum Glück waren sich schon die Philosophen der Antike nicht einig. Epikur beispielsweise postulierte, dass das Streben nach Lust dem Menschen angeboren sei und empfahl daher in seiner individualistisch-hedonistischen Sichtweise der menschlichen Existenz, den Trieben nachzugeben und freudig zu genießen. Im Gegensatz dazu forderte der Stoiker Epiktet ein tugendhaftes, asketisches Leben, also die Abtötung aller Begierden, da diese – nach vorübergehender, schaler Lust – nur ins Unglück führen würden. Beiden ging es dabei nicht um das kurze, euphorische Glück, sondern um die Glückseligkeit, eine gesteigerte Form dessen, was wir heute Zufriedenheit nennen. Diese Glückseligkeit sei nur durch innerlichen Ausgleich der Anfeindungen des wechselhaften menschlichen Schicksals zu erreichen.
Das Glück ist flüchtig und scheu und entzieht sich dem direkten Zugriff. „Es gibt kein Glück, es gibt nur die Sehnsucht danach", schreibt Anton Tschechow. Der simplen Wahrheit dieser Aussage begegnet man immer dann, wenn sich nach der Erfüllung eines sehnlichen Wunsches das rechte Glücksgefühl doch nicht einstellen will.
Glücksgefühle sind die Würze des Lebens und lassen sich nicht erzwingen. Sie sind gleichsam das Nebenprodukt eines gelungenen Lebens, des richtigen Umgangs mit sich selbst. So gesehen bekommt man das Glück allenfalls als Dreingabe.
Viele Menschen unserer Tage setzen Glück gleich mit Lebenssinn und geraten bei ihrer Jagd nach dem Glück gleichsam unter „Glückszwang". Glück ist als Grundlage des Lebens, als Lebenssinn

absolut ungeeignet. Ein Mensch, für den nur Glücksmomente zählen, erlebt die Zeit zwischen ihnen als verlorene Zeit, die Unzufriedenheit hervorruft.

Wer auf das Glück fixiert ist, wird verführbar und manipulierbar. Werbefachleute haben die Glücksbedürftigkeit vieler Menschen erkannt und nutzen sie systematisch aus. Der potentiellen Kundschaft werden „Glückskäufe" en masse suggeriert. Der Ansatz, Glück durch Bedürfnisdeckung zu schaffen, ist in Anbetracht der dabei entstehenden neuen Bedürfnisse ein fataler Irrweg: Wir beobachten heute oft ein größeres Unglücklichsein der Menschen als in entbehrungsreichen Zeiten.

Vielleicht sind auch Sie in Ihrem Leben schon einmal einem Menschen begegnet, der „mehr Glück als Verstand" hatte. Von einem solchen Menschen erzählt Friedrich von Schiller in einer seiner Balladen:

Im 6. Jahrhundert vor Christi Geburt lebte ein König namens Polykrates, dem alles glückte, was er unternahm. Er schien buchstäblich das Glück gepachtet zu haben. Eines Tages bekam dieser König Besuch aus dem Ausland. Als der Besucher das schier unverschämte Glück seines Gastgebers sah, wurde ihm angst und bange. Er meinte: „Des Lebens ungemischte Freude wird keinem Sterblichen zuteil."

So gab der Besucher dem König den Rat, sich freiwillig ein Unglück zuzufügen, um nicht den Neid des Himmels herauszufordern. Wie wäre es, so schlug der Gast vor, wenn Polykrates von seinen Schätzen opferte, woran sein Herz am meisten hing. Das tat der König dann auch, und er warf seinen kostbarsten Ring ins Meer. Aber selbst das misslang. Als die Mahlzeit aufgetragen wurde, kam der Ring wieder zum Vorschein. Ein Fisch hatte ihn verschluckt, und ausgerechnet dieser Fisch wurde serviert. Da floh der Besucher entsetzt, um nicht selber in die Rache der Götter hineingezogen zu werden.

Diese Geschichte lehrt, dass „Glück haben" und „glücklich

sein" nicht dasselbe sind. Man kann unheimlich viel Glück im Leben haben und doch sehr unglücklich sein. Aber auch das Umgekehrte gilt: Man wird vom Glück ziemlich stiefmütterlich behandelt und ist trotzdem ein glücklicher Mensch. „Glück ist die Frucht einer inneren Einstellung", sagt mit Recht der Psychologe Erich Fromm.

Der Glückliche weiß, dass man im Leben nicht weiterkommt ohne Belastungen. Wer nicht belastet wurde, ist nicht belastbar. Der positive Aspekt von Belastungen tritt in der folgenden afrikanischen Legende besonders deutlich hervor.

In einer Oase wächst eine wunderschöne junge Palme. Ein böser Mann kann es nicht mit ansehen, dass die Palme so schön ist. Er nimmt einen schweren Stein und legt ihn in die Palmenzweige. Die Palme schüttelt und schüttelt sich, um den Stein loszuwerden. Aber der Stein tut ihr nicht den Gefallen; er hält der Palme die Treue. Nach drei Jahren kommt der böse Mann wieder und sieht schon von weitem, dass der Stein noch in den Palmenzweigen liegt. Doch: Gerade diese Palme ist die schönste und größte geworden! Warum? Die Last hat den Baum gezwungen, seine Wurzeln tiefer zu graben, so dass sie eine Wasserader erreichten. Diese Palme bekam dadurch mehr Wasser als alle anderen und wurde deswegen so groß; sie hatte ihre Größe und Schönheit der Last zu verdanken.

Die Quintessenz der Legende lautet: Förderung durch Forderung, und: Belastungen sind nicht nur Ballast, sie können auch Segen sein. Der Glückliche ist nicht ein Mensch, der durch nichts umzuwerfen ist. Auch der Glückliche liegt immer wieder einmal am Boden und wird gelegentlich sogar „aufs Kreuz gelegt" – aber er steht wieder auf und wird mit Enttäuschungen fertig. Enttäuschungen befreien von Täuschungen, und das ist eine sehr wertvolle Lebenserfahrung.

Glück hat mit „Herz" zu tun und mit „Liebe". Einsatz für andere

Menschen, Hilfsbereitschaft und Offenheit für den Nächsten kosten zwar Zeit und gelegentlich Geld. Doch diese „Kosten" bedeuten nichts gegenüber der Freude, der Bereicherung und dem Glück, das wir selbst dabei erfahren dürfen: „Das Glück kann man nur multiplizieren, indem man es teilt." (Albert Schweitzer)

Das Wort „Glück" kommt in der Bibel insgesamt 104-mal vor. Dabei fällt auf, dass im Alten Testament von Glück und Glücklichsein 101-mal die Rede ist und im Neuen Testament nur dreimal. Und weiter fällt auf, dass das Wort „Glück" in keinem einzigen der vier Evangelien genannt wird.

Der Glückliche ist ein Mensch, der eine alles tragende „Mitte" hat. Gottvertrauen kann eine solche Mitte sein. Der Glückliche weiß, er wird vom Leben nicht mit Samthandschuhen angefasst, ihm bleiben Krisen und Schwierigkeiten – selbst große Lebenskrisen – nicht erspart. Was ihn letztlich hält, ist unbeirrbares Vertrauen auf Gott. Der Glückliche weiß, aus eigener und fremder Erfahrung: Gott lässt einen oft hängen, aber niemals fallen.

Auf Ihre persönlichen Ziele kommt es an

Nach Justus von Liebig wird das pflanzliche Wachstum vom jeweiligen Minimumfaktor der insgesamt erforderlichen Nährstoffe bestimmt. Diese Erkenntnis lässt sich – in Grenzen – auf die wirkungsvollste Art seine Kräfte einzusetzen, übertragen. Legen Sie für Ihr Vorgehen Prioritäten fest, und entwickeln Sie eine wirksame Strategie, denn: „Wie die Sense, so der Schnitt." Verzetteln Sie Ihre Kräfte und Mittel nicht, sondern setzen Sie sie „spitz" – das heißt wirkungsvoll auf wenige Punkte gerichtet – und konzentriert ein. „Wer sich in seinem sozialen Bereich am konsequentesten auf die Beseitigung des brennendsten Mangels, also des gemeinsamen Minimumfaktors, konzentriert, bringt sich in die Position eines Menschen, der in einer Wüstenoase über das Wasser verfügt".[8]

Suchen Sie bei jedem anvisierten Ziel möglichst nach mehreren Wegen, um es zu erreichen.

Stillstand ist Rückschritt. Beginnen Sie, Ihr Leben erfolgreich zu gestalten. Erleben Sie, wie Ihr Denken, Planen, Entscheiden und Handeln – kurzum alle Ihre Aktivitäten – von Tag zu Tag zielbewusster und erfolgreicher werden.

> *„Kein Problem wird gelöst,*
> *wenn wir träge darauf warten,*
> *dass Gott allein sich darum kümmert."*

Martin Luther King

---

[8] Mewes, W.: Fortschrittliche Betriebsführung und Industrial Engineering, Heft 2/1977, Verband für Arbeitsstudien REFA, S. 102

Entwickeln Sie zur Erreichung Ihrer Ziele eine wirksame Strategie

Große Werke werden nicht durch Stärke, sondern durch Beharrlichkeit vollbracht. Setzen Sie sich bei allem, was Sie vorhaben, konkrete Ziele, die Ihnen die Richtung Ihres Strebens angeben. Bedürfnisse lenken Ihr Verhalten erst dann, wenn Sie sie zu Zielen machen. Wählen Sie Ihre Ziele wirklichkeitsnah, klar umrissen und zeitlich begrenzt. Fragen Sie sich zur Operationalisierung Ihrer Ziele: „Woran werde ich erkennen, dass ich ein bestimmtes Ziel erreicht habe?“ Die als Vorsatz fixierten Zielvorstellungen werden zur Leitlinie Ihres künftigen Verhaltens.

Wenn ein Ziel zu hoch, zu weit oder gar unerreichbar scheint, ist es schwer, auf dem Weg dorthin durchzuhalten. Viele Menschen setzen sich Ziele, die für sie unter den gegebenen Bedingungen unerreichbar sind. Wenn dann die unvermeidlichen Misserfolge und Enttäuschungen eintreten, folgt die Resignation. Vermeiden Sie diesen Fehler, den viele Menschen begehen.

Erarbeiten Sie eine Liste Ihnen erstrebenswert erscheinender konkreter Ziele. Fragen Sie sich zum Beispiel:

- Was möchte ich in meinem Leben erreichen?
- Was möchte ich gerne tun?
- Was und wer möchte ich gerne sein?
- Wie und wo möchte ich leben?
- Wofür möchte ich eintreten?

Überprüfen Sie Ihren Zielkatalog regelmäßig, und eliminieren Sie Ziele, die andere schädigen oder verletzen könnten.

Sie können Ihre Ziele nur in Etappen erreichen. Sie werden sehen: Ihr Selbstbewusstsein wächst schon mit kleinen Erfolgen.

Bedenken Sie:

„Menschen, die das Risiko scheuen, gehen das größere Risiko ein."

George Kennan

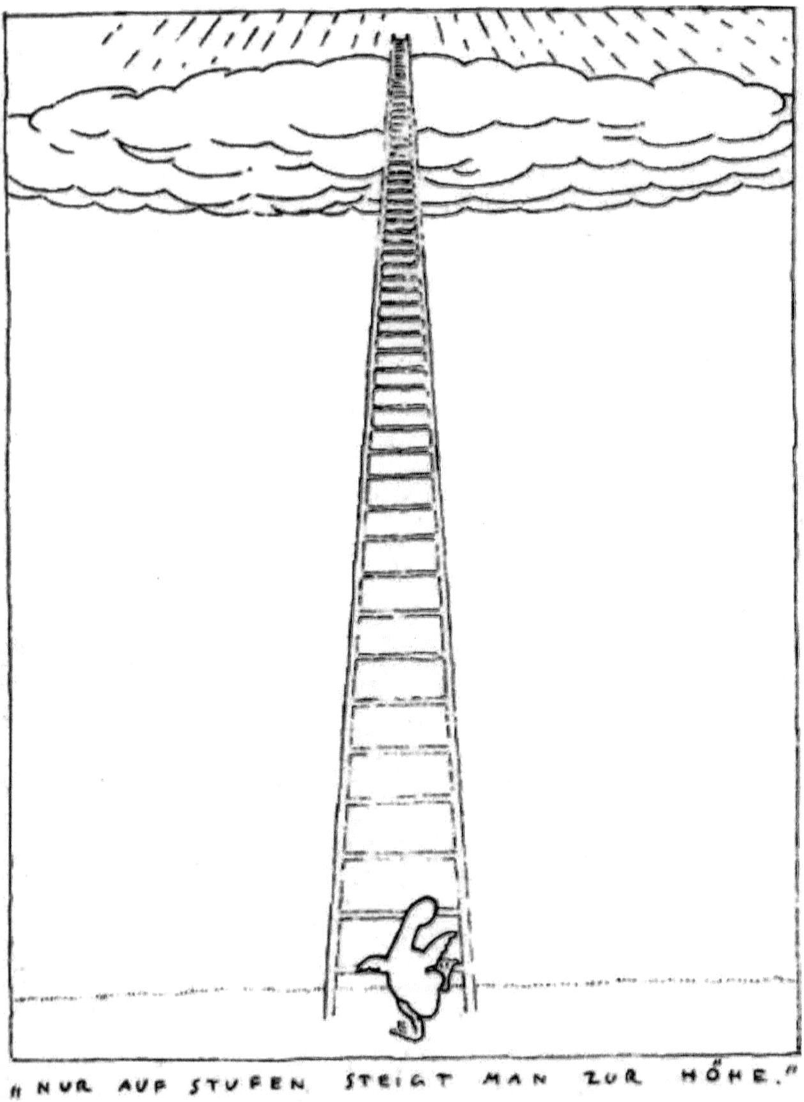

*Abbildung 5: „Nur auf Stufen steigt man zur Höhe."
Quelle: Gulbransson, O.: Sprüche und Wahrheiten, München 1986*

Wie Misserfolge bewältigen?

„Auch aus Steinen, die einem in den Weg gelegt werden, kann man Schönes bauen."

Johann Wolfgang von Goethe

Suchen Sie nach Gründen für Ihr Scheitern. Haben äußere Umstände dazu beigetragen oder müssen Sie sich „an die eigene Nase fassen"?
Erfolgsorientierte Menschen suchen die Ursachen für das Misslingen mit Vorliebe außerhalb des eigenen Verantwortungsbereiches. „Das Leben ist keine Blumenwiese", lautet ein ziemlich dämlicher Spruch, was nichts Anderes bedeutet, als dass Misserfolge auch zum Leben gehören. Die Kunst ist, daraus das Beste zu machen, um wieder zum Erfolg zu kommen.
Es ist im Studium, Beruf und Privatleben wie im Sport: Verlieren tut weh! Zuerst einmal geht es in diesem Zusammenhang darum, den Misserfolg zu verdauen und die damit verbundenen negativen Gefühle adäquat zu verarbeiten. Das ist ganz wichtig, denn negative Erfahrungen werden viel stärker im Gedächtnis verankert als positive. Negatives bleibt kleben, Positives ist flüchtig. Aber auch wenn alles schiefläuft, sollten Sie sich nicht unterkriegen lassen und weiter an sich glauben, denn: Misserfolge können auch stark machen.
Misserfolgsorientierte Menschen suchen die Gründe für ihr Scheitern vor allem bei sich selbst. Nun fragen Sie sich einmal selbst: Überwiegt bei Ihnen die Hoffnung auf Erfolg oder die Furcht vor Misserfolg? Sind Sie ein Verfechter der Opferlammtheorie? Vertuschen Sie Niederlagen, um nicht als Loser abgetan zu werden? Machen Sie sich klein und verkriechen Sie sich in ein Schneckenhaus? Oder gelingt es Ihnen, Ihre Misserfolge im Nachhinein so zu deuten, dass alles nur noch halb so schlimm erscheint? In der Psychologie bezeichnet man dies als „Reframing". Reframing schafft

neue Perspektiven. Dabei gibt man einem Gegenstand, einem Bild oder einer Erfahrung einen neuen oder anderen Rahmen (frame) – man betrachtet ein Problem unter einem anderen Blickwinkel, aus einer anderen Perspektive.
Worte erfahren in diesem Zusammenhang einen Bedeutungswechsel beziehungsweise eine Neudefinition. „Ich bin ungeduldig“ klingt zum Beispiel ganz anders als „Ich gebe nicht auf, bevor ich etwas erreicht habe“, „spontan“ hört sich anders an als „unbeständig“ oder gar „verantwortungslos“.
Die Bedeutung, die hinter den Worten steht, hat sich geändert, weil der Rahmen – sprich: die Lebenssituation – ein anderer geworden ist. Analoges Verhalten wurde aus einer neuen Perspektive interpretiert. Sie werden sehen: Niederlagen helfen, andere Blickwinkel zu entdecken, denn: In jeder Krise steckt eine Chance. So manche Niederlage stellt sich später als Wink des Schicksals heraus.

„Ein Mensch bleibt stehn
und schaut zurück und sieht:
Sein Unglück war sein Glück.“

Eugen Roth

Misserfolge sind Erfahrungen und Erfahrungen machen klug, aber nur, wenn man sich mit dem, was passiert ist, auseinandersetzt und sich in Ruhe überlegt, was hinter den Misserfolgen steckt. Hilfreich ist es dabei zunächst, geistig einen Schritt vom Geschehen zurückzutreten, um Abstand zu gewinnen. Angesagt ist das Erkennen eigener Schwächen. Kontraproduktiv wäre es in diesem Zusammenhang, zu verdrängen und „weiterzuwursteln“.

„Auch ein Schritt zurück
ist oft ein Schritt zum Ziel.“

Reinhard Kempter

Speziell in Deutschland brauchen wir eine andere Fehlerkultur, eine andere Art und Weise, wie wir mit Fehlerrisiken und Fehlerfolgen umgehen. Versagen und Niederlagen werden bei uns überwiegend negativ gesehen. Eine unternehmerische Pleite zum Beispiel ist bei uns oft ein ökonomisches und gesellschaftliches Stigma, eine Kreditvergabe wird schwierig. In den USA hingegen werden Fehler meist viel eher verziehen. Menschen bekommen dort oft wieder eine neue Chance. „Aus Fehlern lernen", hat in Amerika eine viel stärkere positive Bedeutung.
Manchmal wiegt eine gute Idee hundert Irrtümer auf. Und auf dem Weg zum Erfolg sind oft viele Irrtümer notwendige Etappenziele. Nachdem Thomas Alva Edison endlich die Glühlampe erfunden hatte, äußerte er: „Ich bin nicht gescheitert, ich habe nur Tausende von Möglichkeiten probiert, die nicht funktioniert haben."

„Was mich nicht umbringt,
das macht mich stärker."

Friedrich Nietzsche

Misserfolge kommen fast nie aus heiterem Himmel. Fragen Sie sich daher: Was habe ich dazu beigetragen? Lag es zum Beispiel an zu geringem eigenem Engagement, am übertriebenen Harmoniebedürfnis, an Konfliktscheu, an einer unrealistischen Einschätzung der Wirklichkeit, an zu geringer Flexibilität oder an zu großer Verbissenheit?

Lernen Sie (wieder) an Ihre Stärken zu glauben. Erstellen Sie dazu – als Motivationskick – eine Liste Ihrer Stärken und positionieren Sie sie so, dass sie Ihnen immer wieder vor Augen kommt. Was können Sie besonders gut? Welches waren Ihre größten Erfolge in Ihrem bisherigen Leben? Glauben Sie an sich selbst, orientieren Sie sich am Prinzip: Selbstkritik ja, Selbstzweifel nein. Erkennen und wertschätzen Sie, die Ihnen innewohnenden, aber ungenutzten Fähigkeiten, entdecken Sie Ihre verborgenen Kraftquellen.

Kurzum: Nutzen Sie Ihr Potential, denn Sie haben alle Ressourcen, um das zu erreichen, was Sie möchten!

Resilienz – Stoßdämpfer gegen Schicksalsschläge

Resilienz ist die Fähigkeit von Menschen, Krisen im Lebenszyklus unter Rückgriff auf persönliche Ressourcen zu meistern und diese Krisen als Anlass für persönliche Entwicklungen zu nutzen – ein Stoßdämpfer gegen Schicksalsschläge. Resilienz als „seelische Elastizität" lässt Menschen sich – wie ein Stehaufmännchen – immer wieder aufrichten, egal was ihnen widerfährt.
Wie verschiedene Studien belegen, zeichnen sich resiliente Menschen durch eine effiziente Kombination von bestimmten Eigenschaften aus. Sieben Indizien – quasi Schutzfaktoren – gelten als Säulen der Resilienz:
Gefühlsstabilität: Lernen Sie Emotionen derart zu steuern und Ihre Aufmerksamkeit so zu kanalisieren, dass Sie hohe Belastungen nicht als Stress, sondern als Herausforderung empfinden.
Optimismus: Sagen Sie sich mit Überzeugung, dass sich die Dinge – früher oder später – zum Positiven wenden werden. Sagen Sie sich zum Beispiel: „Diesmal hatte ich keinen Erfolg, nächstes Mal klappt es".
Analysestärke: Versuchen Sie immer, die Ursachen eines negativen Erlebnisses zu identifizieren, zu analysieren und damit zukunftsorientiert umzugehen. Nicht selten ergeben sich daraus alternative, oft bessere Lösungen.
Realismus: Orientieren Sie sich an realistischen Zielen und denken Sie langfristig. Ignorieren Sie gravierende Risiken und Hindernisse nicht, sondern bereiten Sie sich gedanklich bereits auf das Danach vor.
Handlungskontrolle: Reagieren Sie auf entsprechende Verhaltensanreize kontrolliert und überlegt. Dazu gehört auch die Bereitschaft, auf sofortige Belohnungen zugunsten eines höheren Ziels in der Zukunft zu verzichten.

Selbstbewusstsein/Selbstwirksamkeit: Glauben Sie an Ihre eigenen Kompetenzen. Ausgeprägtes Selbstvertrauen befähigt Sie, wirksame Problemlösungen zu entwickeln. Seien Sie überzeugt, selbst etwas bewirken zu können und schlüpfen Sie nicht in die Opferrolle, sondern werden Sie selbst aktiv.

Kontaktfreude: Entscheidend sind ausgeprägte soziale Kompetenzen. Lernen Sie zu kommunizieren und zeigen Sie Bereitschaft, andere in Anspruch zu nehmen, wenn Sie Unterstützung benötigen oder die Sache es erfordert. Helfen Sie anderen mit Selbstverständlichkeit in gleichem Maße. Versuchen Sie sich zudem, gegen unangemessene Forderungen oder überzogene fremde Erwartungen wirkungsvoll abzugrenzen.

Keine Angst vor der Angst

Das Phänomen Angst kann in jedem Bereich und jeder Phase des Lebens auftreten: Angst vor Gefahren, vor Prüfungen, vor Konflikten mit dem Vorgesetzten, vor Krankheiten, vor der Zukunft, vor dem Versagen und dem Verlust, ...

In der psychologischen Fachsprache wird nicht selten unterschieden zwischen der Furcht vor Gefahren, die man kennt, und der nicht näher bestimmbaren Angst vor dem Unbekannten („Angst ohne Namen"). In der Alltagssprache werden die Begriffe Furcht und Angst in der Regel synonym benutzt.

Angst ist als Alarmsignal sinnvoll in Situationen, die tatsächlich lebensgefährlich sind. Sofern dabei ein gewisses Maß der Erregung nicht überschritten wird, versetzt uns die Angst in die Lage, lebenserhaltend zu reagieren; sie liefert die Schubkraft für mutiges Handeln.

Angst macht uns aber auch unruhig und nervös. Sie kann sich in leichtem Zittern äußern und in extremen Fällen den ganzen Körper in Mitleidenschaft ziehen: Angst reißt die Augen, der davon Betroffenen weit auf, verzerrt ihre Gesichter, verursacht Übelkeit und Schweißausbrüche, beschleunigt den Herzrhythmus und schnürt dem Ängstlichen fast die Kehle zu. Angst kann uns bewegungsunfähig machen, Angriffsverhalten auslösen oder uns in die Flucht treiben.

Man unterscheidet drei Hauptursachen von Angst:

- Echte Bedrohungen
- Subjektiv als bedrohlich empfundene Situationen
- Bedrohte Erwartungen und Hoffnungen, bedrohtes Selbstwertgefühl

Echte Bedrohungen

In Situationen, von denen eine objektiv gegebene Lebensbedrohung ausgeht, stellt sich der Körper in Sekundenbruchteilen auf Flucht oder Kampf ein, um die Überlebenschancen zu verbessern.

Schädlich und gefährlich wird die Erregung, wenn sie sich bis zur Panik steigert und wenn „verwirrungsbedingt“ falsche Entscheidungen getroffen werden. Viele Opfer von Bränden zum Beispiel hätten überleben können, wenn sie in der Lage gewesen wären, ihre autonome Erregung auf einer der realen Situation entsprechenden Höhe zu halten.

Subjektiv als bedrohlich empfundene Situationen

Das Wort Phobie kommt aus dem Griechischen und bedeutet „scheuen“, „sich ängstigen“. Phobien bezeichnet man auch als „irrationale Ängste“, weil keine wirkliche Bedrohung vorliegt. Die dabei auftretenden starken Emotionen, verbunden mit oft unlogischen Reaktionsweisen, veranlassen nicht wenige Phobiker dazu, zu meinen, sie würden „verrückt“.

Grundsätzlich können sich neurotische Ängste gegen alles und jedes auf der Welt entwickeln: Räumliche Beengung (Klaustrophobie), freie Plätze und Straßen (Agoraphobie), Hunde, Spinnen, Insekten, Brücken, Blut, ... Die Klaustrophobie, die Angst in einem engen Raum (Fahrstuhl, U-Bahn, Kino, Theater, ...) eingeschlossen zu sein, bringt die davon Betroffenen fast zum Wahnsinn. Menschen, die unter Agoraphobie leiden, wagen es nicht mehr, allein das Haus zu verlassen oder bestimmte Straßen und Plätze zu überqueren. Sie klammern sich hilfesuchend an Begleiter oder tasten sich ängstlich an Hauswänden entlang.

Phobiker werden in Situationen, die gar keine wirkliche Lebensbedrohung darstellen, ängstlich, weil sie so zu reagieren gelernt haben. Der Körper hat gelernt, mit Erregung des Sympathikus auf Reize zu reagieren, die objektiv gesehen gar nicht gefährlich sind. Diese Umschaltung vom Normalfall zum – subjektiv als lebensbedrohend eingestuften – Notfall erzeugt Angst.

Phobien sind gewöhnlich langlebig, da Phobiker den Objekten oder Situationen, die sie in Angst und Schrecken versetzen, über lange Zeit ausweichen und sich dadurch selbst um die Erfahrung bringen, dass diese Objekte oder Situationen in Wirklichkeit harmlos sind.

Bedrohte Erwartungen und Hoffnungen, bedrohtes Selbstwertgefühl

Zu dieser Kategorie gehören zum Beispiel Probleme im Zusammenhang mit der Stellung in einer sozialen Gruppe, Ängste vor Kritik, vor der „Blamage" in der Öffentlichkeit, Befürchtungen im Zusammenhang mit einer angestrebten Beförderung oder das Gefühl mangelnder körperlicher Anziehungskraft. Das autonome Nervensystem reagiert dabei so, als sei das Leben des betreffenden Menschen bedroht. In Gefahr gerät jedoch zunächst nicht das biologische Leben, sondern die eigene Erwartung und Hoffnung und die damit in einer Wechselbeziehung stehende Selbsteinschätzung.

Die Behandlung krankhafter Ängste gehört in die Hand des psychotherapeutischen Fachmannes. Wenn Sie jedoch nur gelegentlich unter Gefühlen der Ängstlichkeit, Beklemmung oder Unsicherheit leiden, können Ihnen die folgenden Hinweise helfen, sich in einer realen Situation adäquat zu verhalten.

1. Versuchen Sie, Vermeidungsverhalten abzubauen und durch Annäherungsverhalten an die als angstmachend empfundene Situation zu ersetzen. Stellen Sie sich Ihren Ängsten.

   Wer von ihm als gefährlich eingestufte Situationen permanent meidet, um sich schlechte Gefühle zu ersparen, kann gar nicht die Erfahrung machen, dass keine Katastrophe auf ihn zukommt, wenn er sich der angstmachenden Situation aussetzt.

   Vermeidungsverhalten ist – langfristig gesehen – eine unwirksame und gefährliche Strategie, mit der Angst umzugehen. Das Vermeidungsverhalten dehnt sich allmählich auf immer mehr Bereiche aus.

Wer, um seine Angst zu bewältigen, ganz bewusst die Situation aufsucht, vor der er sich fürchtet, muss wissen, dass er, um eine positive Wirkung zu erzielen, so lange in der Situation bleiben muss, bis er sich ruhig fühlt und die Angst verschwunden ist. Wer nach einer kurzzeitigen Konfrontation mit den Angstreizen abbricht, bevor er sich an die Situation gewöhnt hat, läuft Gefahr, im Anschluss daran noch stärkere Angst zu empfinden als vorher.

2. Versuchen Sie, durch Entspannung körperliche Reaktionen in angstmachenden Situationen – beziehungsweise im Zusammenhang mit Erwartungsängsten („Kloß im Hals", angstbedingtes Schwitzen, Unruhe, ...) – in den Griff zu bekommen. Voraussetzung dafür ist die Beherrschung einer Technik, die es Ihnen ermöglicht, sich spontan – quasi auf Befehl – zu entspannen, um aufsteigende Angstgefühle so zu steuern, dass sie sich nicht bis zum Kontrollverlust hochschaukeln.
3. Polen Sie, wenn angstmachende Gedanken in Ihnen aufsteigen, auf positives Denken um. Rufen Sie sich Schönes, das Sie in der Vergangenheit erlebt haben, ins Bewusstsein, und gehen Sie die zu lösende Aufgabe mit einer optimistischen Einstellung an.
4. Führen Sie positive Selbstgespräche.
   Wer vor einer Prüfung denkt: „Ich habe bisher immer versagt und werde auch diesmal wieder scheitern", braucht sich nicht zu wundern, wenn sich diese Prophezeiung erfüllt. Ein positives Selbstgespräch könnte im Gegensatz dazu etwa so geführt werden: „Es wird vielleicht schwierig sein, aber ich habe mich gut vorbereitet und werde das Gelernte konsequent anwenden. Ich schaffe es."
   Wer die unsachliche Kritik eines cholerischen Vorgesetzten fürchtet, auf die er bisher mit Entschuldigungen oder Wortlosigkeit reagiert hat, könnte sich für den Fall, dass die

Situation tatsächlich eintritt, überlegen: „Der Chef ist im Augenblick sichtlich zu erregt, um sich meine Argumente anzuhören. Ich werde um einen neuen Gesprächstermin bitten und den Raum dann ohne Zögern verlassen“. In die Tat umgesetzt, trägt solches Verhalten zur Wahrung der eigenen Rechte bei, und es schont das Selbstwertgefühl und die eigene Gesundheit sicher wesentlich besser, als auf die aggressive Kritik mit Wortlosigkeit zu reagieren oder zu versuchen, den Angreifer mit einer Entschuldigung zu besänftigen.

5. Haben Sie keine Angst davor, jemand könnte Ihre angstbedingte Unsicherheit bemerken. Lassen Sie es einfach darauf ankommen und denken Sie: „Na, wenn schon ...“. Die meisten Menschen sind so stark mit sich selbst beschäftigt, dass sie Ihre Unsicherheiten gar nicht bemerken werden.
6. Stellen Sie sich Situationen, die Ihnen Angst machen, in Gedanken vor. Versuchen Sie sie mental – Zug um Zug – zu bewältigen. Sie werden dann auch in der Realität besser damit fertig werden.
7. Führen Sie Gespräche mit Menschen Ihres Vertrauens über Ihre Ängste. Negative Gefühle, die offen angesprochen werden, sind weniger belastend als Emotionen, die „stumm bleiben“.
8. Befolgen Sie den Grundsatz: „Erklären, was erschrecken könnte ...“.

   Ein Kauz im finsteren Wald schreit nicht, weil er eine Todesnachricht überbringen will, sondern weil er auf der Jagd ist. Menschen, die unter Flugangst leiden, sollten – am besten im Gesprächskontakt mit einem nicht ängstlichen „Vielflieger“ – die Erfahrung machen, dass die allermeisten Geräusche und Bewegungen eines in der Luft befindlichen Flugzeuges normalbetriebsbedingt sind und keinerlei unheilverkündende Bedeutung haben.

9. Versuchen Sie, das Risiko einer Situation, der Sie sich aussetzen, realistisch abzuschätzen.
   Ein Unternehmer, der bei einer geschäftlichen Transaktion fast alles auf eine Karte setzte, gab mir auf die Frage: „Was tun Sie, wenn es schiefgeht?" zur Antwort: „Dann mache ich eine Pommes-Bude auf." Dieser Mann hatte keine Angst, schlimmstenfalls wieder ganz unten anzufangen. Wovor sollte er sich im Zusammenhang mit dem geplanten Wagnis sonst noch fürchten?
   Wer vor einer schweren chirurgischen Operation steht, sollte versuchen, die Risiken und Chancen des Eingriffs mit seiner Zukunft ohne Durchführung der Operation zu vergleichen. Unbestimmten, grenzenlosen Ängsten wird dadurch ein Riegel vorgeschoben. Die Befürchtungen halten sich dann im Rahmen dessen, womit realistischerweise zu rechnen ist.
   Wer sich mit dem „worst case" vertraut gemacht hat, braucht keine neurotische Angst vor dem zu haben, was auf ihn zukommen kann. Spielen Sie den Ernstfall mit den möglichen Konsequenzen durch.
10. Versuchen Sie nicht, Ihre Angst durch Alkoholkonsum, Essen oder die Einnahme von Medikamenten zu bewältigen. Wer sich Mut antrinkt, wer isst, um sich zu beruhigen oder wer zum Tranquilizer greift, verschafft sich zwar durch Dämpfung seiner Angst kurzfristig und für kurze Zeit Erleichterung. Auf längere Sicht besteht jedoch die Gefahr gesundheitlicher Schäden und das Risiko der Abhängigkeit, da nur an den Symptomen herumkuriert wird und die Ursachen der Ängste nicht beseitigt werden.
11. Machen Sie sich immer wieder bewusst: Ihre Gefühle sind „hausgemacht", Sie sind das Resultat Ihrer Gedanken. Angst entsteht nach dem „ABC der Gefühle" (vgl. auch S. 103ff.), beispielsweise so:

1. Ein Mann spaziert durch den Wald. Plötzlich zeigt sich ein hechelnder Fuchs.
2. Der Mann denkt: Der Fuchs hat Tollwut und will mich beißen.
3. Der Spaziergänger bekommt Angst und rennt davon.

Es ist leicht einzusehen, dass der Mann, der durch den Wald spaziert, gefühls- und verhaltensmäßig ganz anders reagiert, wenn er beim Anblick des Fuchses denkt: Der Fuchs wurde vielleicht von einem Hund aufgescheucht und hat die Flucht ergriffen.

Das „ABC der Gefühle“ ist Bestandteil der Rational-emotiven-Therapie (RET). Ein Ziel dieser Therapieform ist, einen unter Ängsten leidenden Menschen dazu zu bringen, seine auf irrationalen Vorstellungen beruhende Einschätzung von Bedrohungen mit der Realität in Einklang zu bringen, um dadurch seine Ängste in spezifischen Situationen zu reduzieren.

Jemand, der zum Beispiel unter starker Prüfungsangst leidet, muss sich klarmachen, dass es nicht die reale Stresssituation (Prüfung) ist, die ihn ängstigt, sondern dass die Ursache seiner Angst in seinen irrationalen Vorstellungen im Zusammenhang mit den möglichen Konsequenzen des Examens begründet ist. Er muss lernen, wie er diese „falschen“ Vorstellungen selbst in Frage stellen kann, um sie durch realistische, rationale Einschätzungen ersetzen zu können. Selbstverständlich haben schlechte Prüfungsleistungen – wie die Lebenserfahrung zeigt – in der Realität oft negative Konsequenzen. Aber erst die Vorstellung, ein schlechtes Examensergebnis sei eine Katastrophe, erzeugt intensive Angstgefühle und blockiert das Leistungsvermögen. Ziel ist nicht die Verharmlosung der Realität, sondern

ihre realistische Einschätzung. Wer eine Prüfung nicht besteht, kann sie – zumindest in vielen Fällen – wiederholen. Ausbildungs- und Berufspläne kann man ändern, ohne dass man deshalb als Mensch weniger wert wäre oder sich gar in Frage stellen müsste.
Nur wer seine Angst annimmt, kann sie verlieren. Das Ziel, das es zu erreichen gilt, heißt: Mit den Ängsten umgehen lernen und sie positiv nutzen.
Die Begriffe „Angst" und „Furcht" werden auch in der Bibel oftmals genannt. Jesus sagt: „In der Welt habt Ihr Angst" und nicht: „Wer fest an Gott glaubt, hat keine Angst." Mit dem christlichen Glauben hört das Menschsein nicht auf, und zum Menschsein gehört die Angst als ständiger Begleiter. Gott hilft uns nicht immer am Leiden vorbei, aber er hilft uns hindurch. Die Gewissheit, die der christliche Glaube dem vermittelt, der sich darauf einlassen kann, ist eine sehr wirkungsvolle Waffe gegen die Angst, weil sie nicht auf die Mittel unseres Verstandes beschränkt ist: Gottvertrauen schenkt Geborgenheit.

„Geborgenheit im Letzten
gibt Gelassenheit im Vorletzten."

Romano Guardini

Innere Ruhe und Gelassenheit kann man lernen

Wer Angst hat, kann keinen selbstsicheren Eindruck machen, da die Angst in seinem Verhalten und in seiner Erscheinung sichtbar wird. Wenn Sie lernen, sich wirkungsvoll zu entspannen, haben Sie eine gute Chance, Ihre Ängste zu besiegen und Gelassenheit zu erwerben.

Entspannung hilft Ihnen, Ihre Körperreaktionen besser zu steuern. Mit zunehmender Übung wird es Ihnen gelingen, sich bei Bedarf – quasi „auf Kommando" – zu entspannen. Sie können so unangenehmen Gefühlen und Verkrampfungen in einer Situation, die Sie als bedrohlich für Ihre Selbstsicherheit empfinden, entgegenwirken. Wer sich der bewussten körperlichen Entspannung als Schrittmacher bedient, kann seine psychische Spannung, Angst, Unsicherheit und seine Hemmungen reduzieren.

Viele Menschen versuchen, sich gegenüber Realitäten, die sie ängstigen, beunruhigen und nervös machen, durch Einnahme von Psychopharmaka medikamentös abzuschirmen. Psychopharmaka sind chemische Substanzen, die auf das zentrale Nervensystem wirken; sie beruhigen den Ängstlichen und heben den Deprimierten aus seinem Stimmungstief – solange die chemische Wirkung anhält. Der Verbrauch an Psychopharmaka ist erschreckend hoch. Unter den Arzneimitteln liegen sie vom Umsatz der Apotheken her mit an der Spitze. Zahlreiche Menschen betrachten sie längst als einfache „Problemlöser" und nehmen sie oft jahrelang regelmäßig oder bei jeder Anspannung ein. Negative emotionale Befindlichkeiten werden so symptomkuriert, und bei Dauergebrauch drohen Abhängigkeit und Sucht.

Die körperliche Entspannung ist unabdingbar, weil Körper, Geist und Seele eine untrennbare Einheit bilden. Es muss jedoch darauf hingewiesen werden, dass massive persönliche Krisen und schwere Störungen im zwischenmenschlichen Bereich durch Entspannungsübungen allein in der Regel nicht überwunden werden

können. Durch unzutreffende Schlussfolgerungen – aus dem erfolglosen Bemühen – kann der Eindruck der persönlichen Hilflosigkeit sogar noch verstärkt werden. Um solche gravierenden Schwierigkeiten bewältigen zu können, sollte mit Unterstützung eines Psychotherapeuten zunächst eine individuelle Analyse der jeweiligen Problematik durchgeführt werden, bevor gegebenenfalls zur Selbstbehandlung – eventuell auch durch ein Entspannungstraining – geschritten wird.
Die einzelnen Standardverfahren, mit denen Entspannung eingeleitet werden kann, basieren auf diversen theoretischen Konzepten. Mit unterschiedlicher Gewichtung spielen dabei körperliche Empfindungen, Gedanken, in der Vorstellung erzeugte Bilder u. ä. eine Rolle. Auf Vor- und Nachteile der einzelnen Methoden zur Entspannung kann hier nicht eingegangen werden. Die Grundregeln des im Folgenden beschriebenen, wirksamen Entspannungstrainings wurden in mehreren wissenschaftlichen Untersuchungen überprüft.

Progressive Muskelrelaxation

Bei der Progressiven Muskelrelaxation handelt es sich um ein von E. Jacobson 1938 eingeführtes, relativ leicht erlernbares Verfahren der Muskelentspannung; es beruht auf dem Gegensatz von Anspannung und Entspannung. „Durch intensives Anspannen der Muskeln tritt Ermüdung ein. Neben diesem Ermüdungseffekt dient das schrittweise Anspannen und nachfolgende Entspannen der Wahrnehmungsschulung für Spannungsunterschiede. Auf diese Weise entwickeln wir ein Gefühl für Entspannung, werden gleichsam sensibilisiert für körperliche Spannungszustände, und wir werden in die Lage versetzt, Anspannungen frühzeitig wahrzunehmen. Wir können Entspannung, ebenso wie ‚Verspannungen' ganz konkret beobachten. Ziel ist die Entspannung des Körpers. Dazu teilt man – ein lernpsychologisch sinnvolles Vorgehen – den Lernstoff in kleine, nach ihrem Schwierigkeitsgrad angeordnete

Portionen. Die einzelnen Muskeln und Muskelgruppen werden nacheinander Schritt für Schritt geübt."[9]

Die folgenden Übungen zur Muskelentspannung sollten Sie nicht durchführen, wenn Sie einen sehr niedrigen Blutdruck haben oder unter Herzrhythmusstörungen oder sonstigen gravierenden Herz-Kreislaufbeschwerden leiden.

Suchen Sie für Ihr Training einen ruhigen, nicht zu hellen Raum auf und sorgen Sie dafür, dass Sie während des Übens nicht gestört werden.
Trainieren Sie zweimal täglich, zunächst im Liegen, später auch im Sitzen, bis Sie das Verfahren in allen Einzelheiten beherrschen. Schließen Sie einen kleinen Kontrakt mit sich selbst: Schreiben Sie für jeweils eine Woche im Voraus auf, wann, wo und wie Sie üben werden.
Tragen Sie während der Übungen bequeme Kleidung und legen Sie alles ab, was Sie beengen könnte. Wenn Sie Brillenträger sind, nehmen Sie bitte auch die Brille ab.
Die Übungen sollten aus einer möglichst bequemen Grundhaltung heraus begonnen werden. Sie können im Liegen und im Sitzen trainieren. Den meisten Menschen fällt es leichter, sich im Liegen zu entspannen.
Um den Einsatz des Trainingsprogramms in Realsituationen zu erleichtern, sollten Sie, nachdem Sie die Technik im Liegen erlernt haben, anschließend abwechselnd im Sitzen und Liegen üben, bis Sie die Methode voll und ganz beherrschen.

Körperhaltung im Liegen

Legen Sie sich flach und entspannt auf den Rücken. Benutzen Sie eine Wolldecke als Unterlage. Ihre Beine sind gestreckt, die Fersen sind etwa eine Handbreit voneinander entfernt. Ihre Arme liegen

---

[9] Ceh, J.: Prüfungsangst überwinden, München 1984, S. 137

locker neben dem Körper, die Hände sind leicht geöffnet. Verändern Sie Ihre Körperhaltung so lange, bis Sie ganz bequem liegen. Der Körper sollte völlig gleichmäßig – möglichst ohne wahrnehmbare Druckunterschiede – aufliegen.

Körperhaltung im Sitzen

Im Folgenden wird eine Körperhaltung beschrieben, die J. H. Schultz den Berliner Droschkenkutschern abgeschaut haben soll („Droschkenkutschersitz“).

Setzen Sie sich bequem auf einen Sessel. Lassen Sie – ohne sich anzulehnen – Ihre Wirbelsäule aus der aufrechten Haltung wie ein Fotostativ in sich zusammensinken. Die Arme liegen locker auf den Oberschenkeln. Die Hände baumeln zwischen den in leichter Grätschstellung stehenden Beinen. Ober- und Unterschenkel bilden etwa einen rechten Winkel. Ihre Füße stehen entspannt auf dem Boden. Die Knie sind leicht geöffnet. Ihre Fußspitzen zeigen nach außen. Der Kopf wird im Nacken leicht nach vorn gebeugt.

Wenn Sie diese Droschkenkutscherhaltung für sich als nicht optimal erleben, versuchen Sie es einmal damit, Ihren Kopf locker an die Rückenlehne des Sessels anzulehnen. Wählen Sie für sich eine Haltung aus, bei der möglichst wenige Muskeln in Anspannung gehalten werden müssen. Wenn Sie das Gefühl haben, dass Sie Ihre Muskelanspannung völlig aufgeben könnten, ohne aus dem Sessel zu fallen, sitzen Sie richtig.

Eine wesentliche Voraussetzung für den Erfolg Ihrer Bemühungen, Entspannung zu lernen, ist Ihre Bereitschaft regelmäßig, systematisch und intensiv zu üben.

Ablauf der Übungen

Lenken Sie Ihre Gedanken jeweils auf die Muskelpartien, die Sie „innerlich ansprechen“. Spannen Sie die entsprechenden Muskeln an, halten Sie diese Spannung einige Sekunden, und lassen Sie sie anschließend auf Kommando wieder los. Beobachten Sie den Kontrast zwischen Anspannung und Entspannung.

Aus der nachfolgenden Auflistung ist die Reihenfolge der anzuspannenden Muskeln und das Vorgehen bei den einzelnen Übungen zu entnehmen.

Muskeln der folgenden Körperteile	werden angespannt, indem Sie 15 Sekunden lang	werden anschließend 15 Sekunden entspannt
Hände	Fäuste ballen	entspannen
Oberarme	beide Oberarme seitlich gegen den Brustkorb pressen	entspannen
Schultern	beide Schultern so weit wie möglich nach oben ziehen	entspannen
Nacken	Ihr Kinn gegen das Brustbein drücken	entspannen
Stirn	die Augenbrauen nach oben ziehen und die Stirn runzeln	entspannen
Augen	die Augenbrauen nach unten ziehen und die Augen fest zukneifen	entspannen
Mund	beide Lippen zusammenpressen	entspannen
Bauch	den Bauch einziehen und die Bauchdecke hart machen	entspannen
Oberschenkel	die Knie gegeneinanderdrücken	entspannen

Waden	beide Beine ausstrecken und die Zehenspitzen zu sich hinzeigen lassen	entspannen

Aus lernpsychologischen Gründen beginnen Sie am besten mit der Langform des Trainings, bei der jede der genannten Muskelpartien für sich angespannt und wieder entspannt wird.
Nicht immer haben Sie die Zeit und die Gelegenheit, die Entspannungsübungen in dieser Form zu praktizieren. Wesentlich schneller geht es, wenn Sie möglichst viele Muskeln Ihres Körpers auf einmal anspannen, die Spannung einige Sekunden halten und dann auf Kommando entspannen.

Rücknahme der Muskelschwere

Wollen Sie sich nach dem Training wieder dem normalen Alltagsleben zuwenden, müssen Sie den Zustand der Entspannung und Schwere – und damit die verminderte Aktivität – zurücknehmen, um wieder auf Ihr normales Erregungsniveau zu kommen.

- Wenn Sie sich das Kommando: „Arme strecken und beugen!" geben, ballen Sie beide Hände kraftvoll zu Fäusten.
- Strecken Sie die Arme energisch vom Körper weg, beugen Sie anschließend die Ellenbogen, pressen Sie die Unterarme fest gegen die Oberarme.
- Erteilen Sie sich nun den Befehl: „Tief atmen!" Atmen Sie dreimal tief ein und aus.
- Öffnen Sie bei der Zurücknahme der Muskelschwere Ihre Augen erst, wenn Sie sich selbst das Kommando: „Augen auf!" gegeben haben.

Sollten Sie vor dem Einschlafen trainieren, brauchen Sie die Schwere selbstverständlich nicht zurückzunehmen. Sie können dann die Entspannung in den Schlaf übergehen lassen.

Beachten Sie:

- Üben Sie nicht unter Zeitdruck.
- Lange Übungszeiten gleichen verteiltes Üben nicht aus.
- Stellen Sie sich innerlich auf Entspannung ein.
- Entspannung lässt sich nicht erzwingen. Falscher Ehrgeiz und krampfhaftes Wollen verhindern die Entspannung.
- Je kräftiger Sie jeweils anspannen, umso deutlicher werden Sie die Empfindung von Entspannung als Kontrast wahrnehmen; verkrampfen Sie jedoch dabei nicht. Die Anspannung sollte nicht so weit gehen, dass Schmerzempfindungen auftreten.

Entspannung durch richtige Atmung

Sie wissen aus Erfahrung: In Stresssituationen atmen Sie meist unregelmäßig, kurz und flach – vor Angst halten Sie vielleicht gelegentlich sogar den Atem an. Wenn Sie richtig atmen, beeinflussen Sie auch ihre Ausstrahlung anderen gegenüber positiv. Die Menschen unseres Kulturkreises neigen dazu, die Einatmung in den Vordergrund zu stellen. Einatmen ist „aufladen“ und „spannen“, Ausatmen ist „befreien“ und „lösen“. Wer sich verstärkt der Ausatmung überlässt, kann nicht nur den Atem loslassen, er wird in seiner ganzen Haltung gelassener.

Bei den meisten Menschen überwiegt die Brustatmung gegenüber der Bauchatmung. Nur durch die Bauchatmung jedoch kann sich Ihre Lunge optimal ausdehnen; Ihr Körper wird bestmöglich mit Sauerstoff versorgt, und das Zwerchfell – Ihr Hauptatemmuskel – wird gekräftigt. Lernen Sie wieder, in einer wirklich gelassenen Haltung aus dem Bauch heraus zu atmen.

Beim Einatmen wölbt sich die Bauchdecke nach vorn, weil das Zwerchfell von der Lunge, die sich mit Luft füllt, nach unten gedrückt wird. Sie haben dabei das Gefühl, dass sich Ihr Körperschwerpunkt nach unten – in den Bauchraum — verlagert. Wenn

Sie eine Hand auf Ihren Bauch legen, können Sie Ihren strömenden Atem spüren.
Normalerweise sollte man durch die Nase ein- und ausatmen. Registrieren Sie beim Einatmen die leichte Kühleempfindung an den Innenflächen Ihrer Nase. Immer wenn Ihre Gedanken abschweifen wollen, lenken Sie Ihre Aufmerksamkeit auf diese Kühleempfindung. Verfolgen Sie, wie die eingeatmete Luft durch Nase, Rachen, Kehlkopf und Luftröhre in Ihre Lunge strömt. Stellen Sie sich vor, wie der Sauerstoff über die Lungenbläschen an das Blut abgegeben wird und sich dadurch im ganzen Körper verteilt.
Entspannung durch richtiges Atmen lässt sich durch die Verwendung von Signalwörtern („Entspannungsformeln") einleiten:

- Wenn Sie einatmen, denken Sie das Wort: „Ein".
- Wenn Sie ausatmen, sagen Sie innerlich zu sich: „Ruhig".

Üben Sie das gleichmäßige Atmen unter Benutzung der „Ein-Ruhig-Formel" so lange, bis Sie damit die Entspannung unter Realbedingungen auslösen können, und beobachten Sie, wie sich mit jedem Ausatmen Ihre Entspannung vertieft.

Entspannung durch angenehme Vorstellungen („Entspannungsbilder")

Als Signal zur Einleitung der Entspannung können Sie auch eine Ihnen angenehme Vorstellung benutzen.
Aus Erfahrung wissen wir: Die Erinnerung ist das einzige Paradies, aus welchem wir nicht vertrieben werden können. Erinnern Sie sich in diesem Zusammenhang an eine Situation aus Ihrer Vergangenheit, die Sie als ausgesprochen wohltuend und friedlich erlebt haben; eine Phase, in der Sie wirklich zufrieden und glücklich waren.
Vielleicht fällt Ihnen ein heißer Sommertag ein, als Sie sich auf einer Luftmatratze liegend in einer stillen Meeresbucht treiben ließen. Die Matratze schaukelte angenehm und beruhigend in den

sanften Wellen. Machen Sie die Situation allen Ihren Sinnen zugänglich: Sie sehen, hören, riechen, spüren, Sie schmecken das Salz des Meerwassers. Möglicherweise denken Sie als Alternative an einen schulischen oder beruflichen Erfolg und Sie erinnern sich, wie Menschen, die Ihnen nahestanden, stolz auf Sie waren, als Sie öffentlich gelobt wurden.

Malen Sie sich Ihr Bild der Ruhe und Zufriedenheit plastisch aus. Denken Sie sich in das Bild, das Sie sich vorstellen, hinein. Wenn Sie Ihr persönliches Entspannungsbild imaginieren, können Sie bei jedem Atemzug gleichzeitig die „Ein-Ruhig-Formel“ verwenden. Beim Einatmen sagen Sie innerlich zu sich: „Ein“, wenn Sie ausatmen, denken Sie das Wort: „Ruhig“. Wenn Sie das Entspannungsbild und die „Ein-Ruhig-Formel“ zur Übung immer wieder im ungestressten Zustand anwenden, bekommen diese Vorstellungen die Kraft, allein Entspannung auszulösen. Sie fördern damit die Generalisierung auf Alltagsbedingungen.

Sensibilisieren Sie sich für Körpergefühle, die Hemmungen, Ärger, Unsicherheit, Schüchternheit oder Angst anzeigen und schalten Sie bei solchen Empfindungen um auf Entspannung, indem Sie bereits die „Vorboten“ für das Auftreten negativer emotionaler Befindlichkeiten als Signale für das Abrufen der Entspannung umdefinieren.

Systematische Desensibilisierung

Wenn Sie sich „auf Kommando“ entspannen können, haben Sie die Möglichkeit, zum Beispiel Schüchternheit und Ängste im Kontakt mit anderen abzubauen.

Die Systematische Desensibilisierung ist ein verhaltenstherapeutisches Programm, das sich zum schrittweisen Abbau vieler erlernter Ängste eignet. Das Vorgehen soll im Folgenden kurz dargestellt werden:

Sammeln und Beschreiben von angstauslösenden Situationen

Fragen Sie sich, in welchen Situationen bei Ihnen soziale Ängste auftreten. Beschreiben Sie möglichst viele solcher Situationen kurz und notieren Sie die Empfindungen, die sich bei Ihnen einstellen, wenn Sie an die jeweilige Situation denken.

Erstellung einer Angsthierarchie

In einem zweiten Schritt ordnen Sie diese Situationen nach der Intensität der Angst, die sie bei Ihnen auszulösen imstande sind. Sie erstellen damit eine Rangreihe – Ihre persönliche Hierarchie – angstmachender Reizkomplexe. Sie können dazu zum Beispiel die Vorstellung einer „Angst-Temperaturskala" zu Hilfe nehmen:

0 Grad	→	keine Angst
50 Grad	→	mittlere Angst
100 Grad	→	„siedend heiße" Angst

Beispiel:

„Ein Lehrer hat Angst vor persönlicher Kritik. Wenn im Kollegium oder auch von Schülern Kritik an ihm geübt wird, wird er nervös, bekommt einen roten Kopf, schweißnasse Hände und fängt in schlimmen Fällen an zu stottern.

Auszüge aus der Rangreihe seiner angstauslösenden Situationen:

1. wenn mir im Unterricht ein Schüler widerspricht;
2. wenn ich daran denke, wie ich einmal von einem Kollegen öffentlich kritisiert wurde;
3. wenn ich den Eindruck habe, dass die Schüler sich wegen meines manchmal auftretenden Stotterns über mich lustig machen;
4. wenn ein Kollege unter vier Augen sachliche Kritik an meinem pädagogischen Verhalten übt;
5. wenn ein Kollege vor anderen Kritik an meinem pädagogischen Verhalten übt;
6. wenn ein Kollege mich persönlich kritisiert;

7. wenn ein Vorgesetzter unter vier Augen mein Verhalten kritisiert;
8. wenn ein Vorgesetzter mein Verhalten vor anderen kritisiert, mich bloßstellt."[10]

Desensibilisierung in der Vorstellung

Entspannen Sie sich nun und konfrontieren Sie sich in Ihrer Vorstellung mit dem Angstreiz, der in Ihrer Hierarchie ganz unten steht – also mit dem schwächsten Angstreiz Ihrer persönlichen Rangreihe. In dieser Phase kommt es zu einem „Duell" zwischen Angst und Entspannung. Wenn die angstmachende Vorstellung nicht in der Lage ist, Ihre Entspannung zu durchbrechen, haben Sie den ersten Angstreiz Ihrer Hierarchie bewältigt. Alle anderen angstmachenden Situationen rutschen dann für Sie eine „Etage" tiefer. Sie können sich nun dem nächsten Angstreiz Ihrer Rangreihe zuwenden und ebenso verfahren. Mit Hilfe dieser Methode lässt sich Ihre Angst systematisch – Schritt für Schritt – abbauen.

Bei diesem Verfahren versucht man also gezielt, die Angstgefühle hervorzurufen, die man abbauen will. Im Anschluss an die Vorstellung einer Angstsituation folgt die Entspannung. Der jeweilige gelernte Reiz, der in der Lage ist, Angst auszulösen, wird so oft im Zustand der Entspannung erlebt – einem Zustand, der mit Angst unvereinbar ist! – bis der Reizkomplex seine angstauslösende Wirkung verloren hat. Diese Methode zur Angstbewältigung heißt auch" Gegenkonditionierung".

Formelhafte Vorsätze

Der französische Apotheker Émile Coué (1857-1926) begründete ein wirksames Verfahren der autosuggestiven Beeinflussung des

---

[10] Lorenz, R., Molzahn, R., Teegen, F.: Verhaltensänderung in der Schule, Reinbek bei Hamburg 1976, S. 165

Unterbewusstseins durch oftmalige stereotype Wiederholung von Leitsätzen. Er empfahl, sich jeden Morgen und jeden Abend bei geschlossenen Augen zwanzigmal folgenden Satz vorzusprechen: „Es geht mir mit jedem Tag in jeder Hinsicht immer besser und besser.“ Da sich der Ausdruck „in jeder Hinsicht“ auf alles bezieht, erübrigt es sich – nach der Auffassung von Coué – spezielle Suggestionen zu benutzen. „Durch ständige Wiederholung dessen, was man denkt oder tut, werden dem Unterbewusstsein automatische Reaktions- und Verhaltensmodelle eingeprägt“, schreibt der bekannte amerikanische Autor von Büchern zur Thematik des „Positiven Denkens“, Joseph Murphy, und er gibt in diesem Zusammenhang den Rat: „Legen Sie sich einen kurzen, einprägsamen Leitsatz zurecht und wiederholen Sie diesen, bis Sie einschlafen.“[11]

Durch den Einsatz formelhafter Vorsätze im Zustand der Entspannung lässt sich die Motivationsautomatik des Unbewussten – durch die auch viele unserer Ängste und Unsicherheiten vorprogrammiert sind – im Sinne einer bewussten Eigenmotivation verändern. Im Zustand der Entspannung ist das Unbewusste besonders aufnahmefähig für suggestive Einflüsse.

„Die Vorsätze müssen durch mehrmalige Wiederholung regelrecht im Unbewussten vergraben werden, damit sie später aus dem Unbewussten wirken können. Je tiefer man sich versenkt, je mehr man die Außenreize abschaltet, desto besser lassen sich die Vorsätze verankern. ... Die Hineinbildung von Suggestionen ins Unbewusste kann dadurch gefördert werden, dass man die formelhaften Vorsätze mit der Ausatmungsphase verbindet.“[12] Das Un-

---

[11] Vgl. Murphy, J.: Die Macht Ihres Unterbewusstseins, Genf 1973

[12] Lindemann, H.: Überleben im Stress, Autogenes Training, München 1978, S. 73

bewusste „denkt" in Bildern. Versuchen Sie deshalb, alles so bildhaft vor sich zu sehen, als wenn es bereits volle Wirklichkeit wäre.

Paradoxe Intention

Fühlen Sie sich in Gesellschaft leicht unsicher, werden Sie bei für Sie wichtigen Anlässen gelegentlich rot im Gesicht, oder geraten Sie ins Schwitzen, wenn Sie sich von anderen beobachtet fühlen? Schon der Gedanke an bestimmte Begegnungen mit anderen Menschen löst beim Schüchternen entsprechende körperliche Signale wie Erröten, Schwitzen, erhöhte Puls- und Atemfrequenz, Zittern, ... aus.

Wer schüchtern und ängstlich ist, spürt zum Beispiel das Erröten und Schwitzen schon im Voraus, und er neigt dazu, sich darauf zu konzentrieren. Wie eine sich selbst erfüllende Prophezeiung treten diese Körperreaktionen dann auch meist prompt ein.

Durch den Einsatz Ihres Willens und den festen Vorsatz, in einer bestimmten Situation nicht mehr rot zu werden bzw. nicht zu schwitzen, erreichen Sie nur das Gegenteil. Sie werden unsicher aus Angst vor der Angst. Probieren Sie es doch einmal mit der *paradoxen Intention* („umgekehrter Wunsch"), einer logotherapeutischen Methode, die auf den Wiener Psychiater Viktor E. Frankl zurückgeht. Wünschen Sie sich – wenn auch nur für Bruchteile von Sekunden – genau das, wovor Sie sich am meisten fürchten. Wählen Sie, um autosuggestive Wirkungen zu vermeiden, für Ihren Wunsch eine humoristische Formulierung, etwa: „Denen will ich heute zeigen, wie ein Weltmeister im Rotwerden aussieht, ich werde rot werden wie eine Tomate", oder nehmen Sie sich vor, wie es Elisabeth Lukas empfiehlt, Ihrem „Chef etwas vorschwitzen zu gehen, in der Absicht, ihm eine ganze Wasserlache ins Zimmer zu schwitzen, damit er auf ihr auf und davon schwimme. Wenn der Chef in Ihrem Schweiß davonschwimmt, sind Sie ihn ganz los,

und Sie brauchen sich nicht mehr vor ihm zu fürchten."[13]
Das Verfahren ist paradox. Wenn Sie es praktizieren, werden Sie sehen, dass das von Ihnen Befürchtete nicht eintritt, da Sie Ihrer Erwartungsangst – durch den übertrieben formulierten Vorsatz – den Wind aus den Segeln nehmen und sie quasi auslachen.

---

[13] Lukas, E.: Auch dein Leben hat Sinn, Freiburg im Breisgau 1980, S. 151f.

Leben Sie im Hier und Jetzt

Viele Menschen fliehen in Gedanken aus der Gegenwart in die Vergangenheit oder in die Zukunft. Sie vergessen dabei, dass die Vergangenheit unveränderbar ist und verwechseln oft Schuldgefühle mit Lernen aus Erfahrung. Glücklich sein heißt auch, sich nicht an Dingen aufzuhalten, die man nicht ändern kann. Opfern Sie auch nicht Ihre Gegenwart einer ungewissen Zukunft.
Begraben Sie negative Erfahrungen aus der Vergangenheit, nachdem Sie Ihre konstruktiven Lehren daraus gezogen haben. Schuldgefühle können oft schädlich, ja zerstörerisch sein. Sie kosten Zeit und psychische und körperliche Energie. „Schuldgefühle stören oder lähmen Ihre Möglichkeiten ...

- Fehler oder Versagen wiedergutzumachen,
- Folgen von Fehlern möglichst gering zu halten,
- sinnvolle, tätige ‚Reue' zu üben,
- sich zu entschuldigen,
- sich zu bemühen, zukünftig weniger Fehler zu machen,
- sich auf zukünftige Aufgaben besser vorzubereiten, so dass Fehler unwahrscheinlicher oder weniger schwerwiegend werden.

Was uns selbst — wie unseren Mitmenschen — unsere Fehlbarkeit tragen hilft, ist unser

- Ja zur Verantwortung unserer Fehler,
- Ja dazu, uns selbst Rechenschaft zu geben,
- Ja zum Bedauern,
- Ja zur tätigen Reue ohne lähmendes Schuldgefühl,
- Ja zu der Mühe, Folgen von Fehlern zu verringern.[14]

[14] Maultsby, M. C., Krämer, J.P.: Praxis der Selbstberatung bei seelischen Problemen, Freiburg-Basel-Wien 1984, S. 99f.

Nur wer bewusst im Hier und Jetzt lebt, schöpft sein Leben voll aus. Die Zukunft können Sie erst leben, wenn sie Gegenwart geworden ist. Wer ein Glück erreichen will, das immer erst am nächsten Tag kommt, greift mit Sicherheit ins Leere. Genießen Sie den Augenblick und vertrauen Sie der Zukunft.

Werden Sie sich Ihrer Einzigartigkeit bewusst

Der Mensch ist vom Augenblick der Zeugung an zur Einmaligkeit bestimmt, und jeder erlebt und erleidet individuell.
Jeder Mensch ist eine einzigartige Persönlichkeit, hat ein einzigartiges Schicksal und besitzt damit

- einzigartige Begabungen und Talente,
- einzigartige geistige Fähigkeiten,
- einzigartige Gelegenheiten.

Das Einmaligsein ist zugleich Geschenk und Geschick, und es gehört Mut dazu, zu seiner Originalität – und damit zu seiner Persönlichkeit – ja zu sagen, die Verantwortung für das eigene Leben zu übernehmen und sich nicht permanent mit anderen zu vergleichen. Jeder Mensch ist mit seiner Originalität vor seine einmalige Aufgabe gestellt, die seinen einzigartigen Möglichkeiten entspricht und seinem Leben individuellen Sinn gibt.
Einen Menschen, der im „Puzzle des Lebens“ nicht seinen Platz ausfüllt, wird das beunruhigende Gefühl nicht loslassen, am falschen Ort zu sein und sein Leben zu verfehlen. Die Welt bleibt damit an dieser Stelle unvollständig, weil dieser Mensch nicht ist, was er ist und nicht tut, was er tun könnte.
Jeder Mensch ist ersetzbar – sagt man. Da jedoch niemand genau das sein kann, was ich bin, bin ich letzten Endes auch nicht zu ersetzen. Wenn ich mich dem Leben nicht verweigere, kann ich aus meiner Einzigartigkeit meine Bedeutung für mich und die Welt ableiten und daraus meinen Wert beziehen. Von dem Wert, den ich mir als Unikat selbst beimesse, hängt die Bedeutung meines Lebens ab.

Akzeptieren Sie sich selbst

Nehmen Sie sich, wie Sie sind, mit allen Stärken und Schwächen. Stehen Sie zu sich selbst, zu Ihren Fähigkeiten, Eigenschaften und Gefühlen. Wer die Grundposition „Ich bin nicht o. k." vertritt – also mit sich selbst im Unfrieden lebt – kämpft gegen das eigene Erleben und verschwendet seine Energie darauf, das unerwünschte Empfinden und Verhalten abzuwehren.

Mich selbst akzeptieren heißt nicht, dass ich mich in allem, was ich bin und tue, großartig finde, sondern, dass ich es hinnehme – und vielleicht auch darunter leide, dass ich bin wie ich bin, dass ich mich (bedingt) auch mit meinen Fehlern bejahe. Zu sich selbst ja zu sagen ist die Voraussetzung dafür, auch andere Menschen akzeptieren zu können. Innere Selbstsicherheit entsteht erst dann, wenn Sie es aufgeben, nach Selbstsicherheit zu streben, wenn Sie sich mutig zu sich selbst bekennen und einfach so sind, wie Sie im Moment sind. Das ist nur möglich, wenn Sie in den Bewusstseinszustand eines Kindes zurückkehren und auf sich selbst vertrauen wie ein Kind. Seien Sie sich Ihrer selbst bewusst, das ist Selbstbewusstsein. Selbstbewusstsein ist mehr als Selbstsicherheit.

Beantworten Sie sich die Frage, ob es möglich ist, von allen geliebt zu werden. Ist es wirklich so wichtig, was die anderen von Ihnen denken? Anerkennung durch die Umgebung ist für Kinder zur gesunden Entwicklung der Persönlichkeit unbedingt erforderlich. Anerkennung durch andere ist für den Erwachsenen zwar wünschenswert, nicht aber absolut notwendig. Ob die anderen Sie gut finden, ist nicht entscheidend. Selbstachtung lässt sich wesentlich besser durch überzeugtes Tun und sorgsame Pflege freundschaftlicher mitmenschlicher Beziehungen erwerben und stabilisieren.

Das Bedürfnis nach Zustimmung durch andere hindert viele Menschen daran, für sich selber einzutreten. Wer sich immer bemüht, seinen Mitmenschen zu gefallen und sich bei jeder seiner Entscheidungen rückversichern muss, macht sich vom Urteil anderer abhängig. Er schränkt seine Möglichkeiten, autonom zu handeln, ein und tritt damit Macht an andere ab. Nur wer sich selbst akzeptiert, kann die Angst vor anderen abbauen.

Wer zu sich selbst ja sagt, entschuldigt sich nicht für irgendwelche Eigenschaften, die er sowieso nicht ändern kann: Volles Haupthaar ist gut, eine Glatze ist es ebenso – für viele Menschen stellt sie den Beweis für ungebrochene Manneskraft dar. In einem lachenden Gesicht sind Sommersprossen sogar besonders hübsch.

Akzeptieren Sie auch Ihre Gefühle. Sie können selbstverständlich nicht jedes Gefühl befürworten oder gar ausagieren, aber Sie können akzeptieren, dass Sie ein bestimmtes Gefühl haben. Nur wenn Sie Ihre Gefühle voll annehmen, wird Ihr Ausdrucksverhalten anderen gegenüber unmissverständlich. Viele Menschen akzeptieren zum Beispiel nicht, traurig zu sein, wenn sie — aus irgendeinem Grund — meinen, sie dürften in einer bestimmten Situation nicht traurig sein.

Angst-, Trauer-, Ärger- und Wutgefühle zeigen Begleiterscheinungen im physiologischen Bereich. Wichtig ist es, solche Empfindungen zuzulassen und zu akzeptieren. Das bewusste Erleben solcher emotional belastenden Ereignisse ist die Voraussetzung dafür, sie kognitiv verarbeiten zu können. Eine andere Sache ist es, wie Sie diese Gefühle Ihrer Umgebung mitteilen bzw. wie Sie sie in Ihr konkretes Verhalten einbringen. Impulsive Wutausbrüche zum Beispiel werden von den Adressaten wohl meist als feindselige Aktionen aufgefasst – auch wenn sie gar nicht so destruktiv gemeint sind. Zudem vermitteln sie den Eindruck von Unberechenbarkeit. Fragen Sie sich im konkreten Fall: „Warum habe ich mich so und so verhalten?“, „Was hat mich verärgert, verunsichert oder geängstigt?“ Sie müssen sich für Ihr Verhalten nicht rechtfertigen. Die Reflexion über die Ursachen und Gründe des Problemverhaltens führt zu einer Erhöhung der Sensibilität im Umgang mit den eigenen Gefühlen.

Nobody is perfect

Zuverlässigkeit gilt als Tugend. Es kann sicher von großem Nutzen sein, eine Beschäftigung ernst zu nehmen und zu versuchen, das Bestmögliche zu erreichen. Wer das Streben nach Perfektion dagegen zum Lebensprinzip erhebt, leidet darunter jedoch in der Regel selbst, und er kann für seine Umgebung unausstehlich werden. Als „Pedanterie" bezeichnet man einen übertriebenen Ordnungsdrang, der die Ausführung aller Arbeiten mit engstirniger Genauigkeit vorschreibt. Mangelnde Flexibilität führt dazu, dass Denken und Handeln in einer Einbahnstraße verlaufen oder gar in der Sackgasse der Fixierung enden. Pedanten bevorzugen – zwischen Sicherheitsstreben und Angstgefühlen hin- und herschwankend – eine autoritäre Prinzipien-Reiterei, etwa nach dem Motto: „Im Prinzip ja, aber ...". Wenn Vorschriften, Zuständigkeiten, Gebote und Verbote nicht eingehalten werden, sieht der Pedant sein „Weltbild" bedroht. Gelegentlich versucht er sich dann dadurch aus der Affäre zu ziehen, dass er die Verantwortung abschiebt, indem er sich für nicht zuständig erklärt.
Perfektionismus ist auch der Nährboden für Zwangsneurosen. Beim Waschzwang zum Beispiel wird die Reinlichkeit bis zu zwanghaftem, stundenlangem, ritualisiertem Waschen übersteigert. Ihm liegt das perfektionistisch überspitzte Bedürfnis nach Sauberkeit – auch nach moralischer Sauberkeit! – zugrunde. „Der Zwangsneurotiker neigt von Haus aus zum Grübeln, zum Zweifeln und zu Skrupeln."[15]
Niemand kann auf allen Gebieten gleich gut sein. Freuen Sie sich über Leistungen, die Sie erbracht haben, und seien Sie stolz darauf. Hüten Sie sich vor übermäßigem Ehrgeiz, und vermeiden Sie es, sich ständig mit anderen zu vergleichen.

---

[15] Frankl, V.E.: Psychotherapie für den Laien, Freiburg im Breisgau 1971, S. 91

Natürlich unterlaufen Ihnen gelegentlich Fehler; andere Menschen machen auch welche. Aus Fehlern können Sie lernen. Ein Misserfolg gibt Ihnen einen Hinweis darauf, wo Sie anzusetzen haben. Ein Reiz des Alltags kann auch darin bestehen, mit eigenen Schwächen (gut) zu leben.

> *„Es tut der Welle nichts, dass sie zur Tiefe rinnt, wenn sie daraus den Schwung zu neuer Höh' gewinnt."*

Thomas W. Reimer

Stärken ausbauen oder Schwächen ausbügeln?

1999 stellte der US-amerikanische Depressionsforscher Martin Seligman auf einem Kongress das Konzept der *Positiven Psychologie* vor. Während die Psychologie sich früher hauptsächlich mit Therapie und Heilung von psychischen Auffälligkeiten beschäftigte und zu klären versuchte, was uns unglücklich macht, befasst sich dieser neue Forschungsschwerpunkt der akademischen Psychologie mit der Förderung von Lebenszufriedenheit, Wohlbefinden, Resilienz und persönlichen Stärken.

Ziel ist die Unterstützung des „psychischen Immunsystems". Die Positive Psychologie befasst sich mit den individuellen Stärken. Viele Menschen wissen gar nicht, wo ihre Stärken liegen, weil sie fast nur das sehen, was sie nicht so gut können. Stärken erkennen und lernen, sie gezielt zu nutzen fördert eine positive Persönlichkeitsentwicklung.

Was können Sie gut? Was sind Ihre Stärken? Holen Sie am besten diesbezügliche Auskünfte auch von Kollegen, Vorgesetzten, Bekannten ein. Wir sabotieren uns selbst, wenn wir unsere Stärken ignorieren.

Auch vermeintliche Schwächen können Stärken sein. Mangelnde Durchsetzungsfähigkeit etwa kann auch Empfindsamkeit sein. Kinder, die in der Schule gemaßregelt werden, weil sie vorlaut und frech erscheinen, sind bei näherem Hinsehen möglicherweise ausgesprochen extravertiert und kontaktfreudig. Eine Person, die zur Pedanterie neigt, arbeitet übergenau, sehr ordentlich und gewissenhaft. Eine Eigenschaft, die zum Beispiel jeder Buchhalter braucht.

Zur Schwäche wird ein solches Verhalten erst, wenn der Mitarbeiter die falschen Aufgaben wahrnimmt. Viele Menschen haben kein Gespür für eigene Stärken, weil sie glauben, dass etwas, was ihnen leichtfällt, keine Stärke sein kann. Stärken leben von

Training, Leidenschaft und Disziplin. Mit ihnen ist es, wie mit Muskeln – man kann sie aufbauen. Von diesem Auf- und Ausbau haben wir viel mehr als vom Versuch, unsere Schwächen auszubügeln, weil es einfach mehr Spaß macht, seine Talente zu entwickeln.
Unter welchen Voraussetzungen können Sie künftig Ihre Stärken noch besser entfalten? Die Antwort auf diese Frage liefert Hinweise zur Stärkung Ihrer Stärken. Ein erfundenes Beispiel aus dem Tierreich: Eine Ente kann solange trainieren wie sie will, sie wird es im Klettern nie mit einer Katze aufnehmen können. Wenn sie jedoch zu lange und zu intensiv das Klettern übt, werden möglicherweise ihre Leistungen im Schwimmen nachlassen.
Doch was ist, wenn wir bei uns auf Verhaltensweisen und Eigenschaften stoßen, die in der Tat kritikwürdig sind? Mit Sicherheit werden wir nicht zu einem besseren Menschen, indem wir auf uns einprügeln. Unsere Fähigkeit, uns weiterentwickeln zu können und zu wollen, lebt vielmehr von einer wohlwollenden Atmosphäre. Es ist wie in einer Freundschaft. Da weiß jemand um unsere Stärken und Schwächen, um unsere Erfolge und Niederlagen – und mag uns so, wie wir sind. Auch wenn er nicht alles gutheißt, was wir getan haben. Die Gegenwart eines solchen Freundes ist wie ein Zu-Hause-Ankommen.
Martin Seligman hat in seinem Buch „Der Glücks-Faktor“ Aristoteles wiederentdeckt. Für ihn ist Tugend eine innere Haltung, in der man frei davon ist, was die anderen von einem denken, frei von Angst um sich selbst, frei von Intoleranz. Er nennt vier Tugenden, mit denen man ein glückliches Leben führen kann: Klugheit, Tapferkeit, Maß und Gerechtigkeit.
Der Königsweg zu innerer Stärke heißt Selbstakzeptanz. Die Bamberger Sozialpsychologin Astrid Schütz hält es für die „definitiv beste Haltung“, wenn man zu sich sagen kann: „Ich existiere, also bin ich wertvoll. Ich muss weder übermäßig beliebt sein, noch etwas Überragendes leisten, noch besonders gut aussehen.“

Das Vertrauen, sich nicht perfektionieren zu müssen, um ein wertvoller Mensch zu sein, ist unsagbar befreiend. Ein solcher Glaube überwindet die quälende Angst, nicht zu genügen. Angst, die uns Menschen so schnell in gnadenlose Selbstüberforderung hineinmanövriert.

Jeder gesunde Mensch kommt mit einem enormen Kraftreservoir – einem starken Selbsterhaltungstrieb und einem starken Bedürfnis sich weiterzuentwickeln – auf die Welt, ohne das wir gar nicht überleben könnten. Oft legt sich jedoch die Angst der Eltern vor jeder kleinen Gefahr über den eigenen Wunsch, das Leben mutig zu erkunden. Seligman spricht in diesem Zusammenhang von „erlernter Hilflosigkeit".

Wer sagt: „Ich bin nun mal so, ich kann mich nicht mehr ändern", bedient sich oft nur einer bequemen Ausrede. Neuere Erkenntnisse der Psychologie und der Hirnforschung zeigen: Das Ego ist kein Gefängnis. Niemand ist lebenslang zu einem starren Ich verurteilt. Veränderungen und Lernen sind möglich, ein Leben lang. Allerdings brauchen Erwachsene mehr Ausdauer als Kinder. Denn über Jahrzehnte eingeschliffene Reaktions- und Verhaltensmuster, Angewohnheiten oder Routinen sind wie „neuronale Trampelpfade" im Kopf. Oder wie Schnellstraßen: Bequem und ohne viel Nachdenken zu befahren.

Stärken weiter auszubauen, anstatt an Schwächen herumzudoktern – der sogenannte ressourcenorientierte Ansatz – gilt als einer der effektivsten Wege der Persönlichkeitsentwicklung. Im Schnellstraßenbild bleibend könnte man sagen: Man nutzt den Schwung, der schon da ist und bleibt quasi auf gut ausgebauten Straßen in der gleichen Richtung unterwegs.

Dank macht Mitmenschen zu Wiederholungstätern

Die Bibel, das spannende und aufregende „Buch der Bücher", handelt ausschließlich von solchen Personen, deren Verhalten für alle Menschen aller Zeiten typisch und exemplarisch ist. In den biblischen Geschichten können wir uns selbst – wie in einem Spiegel – wiedererkennen. Der Evangelist Lukas erzählt eine solche beeindruckende und sehr bedenkenswerte Geschichte (Lk 17,11-19).

„Auf dem Weg nach Jerusalem zog Jesus durch das Grenzgebiet von Samaria und Galiläa. Als er in ein Dorf hineingehen wollte, kamen ihm zehn Aussätzige entgegen. Sie blieben in der Ferne stehen und riefen: Jesus, Meister, hab Erbarmen mit uns!

Als Jesus sie sah, sagte er zu ihnen: Geht, zeigt euch den Priestern. Und während sie zu den Priestern gingen, wurden sie rein. Einer von ihnen aber kehrte um, als er sah, dass er geheilt war, und er lobte Gott mit lauter Stimme: Er warf sich vor den Füßen Jesu zu Boden und dankte ihm. Dieser Mann war aus Samarien.

Da sagte Jesus: Es sind doch alle zehn rein geworden. Wo sind die übrigen neun? Ist denn keiner umgekehrt, um Gott zu ehren, außer diesem Fremden? Und er sagte zu ihm: Steh auf und geh! Dein Glaube hat dir geholfen."

Zehn Kranke finden die gleiche Heilung, aber nur einer – der Samariter – kehrt zurück und sagt: „Danke". Das eklatante Missverhältnis von neun zu eins macht deutlich, dass Danken offensichtlich nichts Selbstverständliches ist.

Undankbarkeit – gleichgültig, ob aus Vergesslichkeit, Gedankenlosigkeit oder Stolz entstanden – tut weh und ist Gift für die zwischenmenschlichen Beziehungen. „Tadeln ist leicht; deshalb versuchen sich so viele darin. Mit Verstand loben ist schwer; darum tun es so wenige", schrieb Ludwig Feuerbach. An dieses Zitat könnte die Hausfrau gedacht haben, die ihrem Gatten zurief: „Das Essen ist fertig, du kannst jetzt nörgeln kommen!"

Nur wer denkt, kann danken. Die Worte „denken“ – im Sinne von nachdenken, überdenken, ausdenken, bedenken – und „danken“ haben weit mehr Gemeinsames als den fast gleichen sprachlichen Klang. „Denken“ ist hier nicht als intellektuelle Leistung zu verstehen, sondern als „Denken mit dem Herzen“. „Geben ist seliger als nehmen“, lehrt die Bibel, und danken hat zu tun mit der Kunst des Gebens und Nehmens. Geben Sie nicht in der Hoffnung auf Dankbarkeit. Die wahre Größe des selbstlosen Gebens liegt darin, vom Empfänger keine Gegengabe zu erwarten.

Karl Rahner, der große katholische Theologe, schloss einen Brief an gute Freunde, die ihm zum 80. Geburtstag gratuliert hatten, mit dem lapidaren Satz: „Im süddeutschen und österreichischen Raum ist das Wort ‚Vergelt's Gott‘ zwar eine reichlich abgegriffene Verkehrsmünze, aber hören Sie wieder einmal dieses ‚Vergelt's Gott' so, wie es eigentlich gemeint ist!“

Nehmen Sie die Menschen, wie sie sind. Der Mitmensch hat – so leid es Ihnen vielleicht tun mag – grundsätzlich das Recht, auf Dank zu verzichten, auch wenn es Ihnen nicht passt. Wenn Sie Dank erwarten, machen Sie sich abhängig von anderen, liefern sich ihnen aus und werden dadurch manipulierbar.

Mit den eigenen Unzulänglichkeiten (gut) leben

Die Biographien berühmter Menschen zeigen: Auch sie haben Rückschläge erlitten und Fehler gemacht, auch sie mussten mit Minderwertigkeitsgefühlen fertig werden (vgl. auch S. 12f.). Demosthenes stotterte und wurde durch eiserne Selbstdisziplin und intensive Übung zu einem der größten Redner der Antike. Oft haben von der Natur benachteiligte Menschen Weltgeschichte geschrieben. Verquicken Sie Misserfolge auf einzelnen Lebensgebieten nicht mit dem Wert Ihrer Person. Wenn sich ein Gefühl der Minderwertigkeit bei Ihnen einstellt, sollten Sie es nicht verdrängen, sondern verarbeiten. Körperliche Schwächen lassen sich unter Umständen auf geistig-theoretischem Gebiet ausgleichen und umgekehrt. Prahlerei, Rechthaberei und Trotz eignen sich bestimmt nicht zur Kompensation von Minderwertigkeitsgefühlen. Denken Sie daran: Auch die Macht hat ihre Schattenseiten. Je mehr man von ihr hat, desto mehr ist man ihr Gefangener; je größer der Einflussbereich, desto mehr Abhängigkeit von Menschen und Institutionen. In großen „Räumen“, die jemand nicht ausfüllen kann, lebt es sich in der Regel weniger angenehm als in bescheideneren Grenzen.

Neid kostet Lebensfreude

Neid zählt nach katholisch-theologischer Lehrmeinung zu den sieben „Todsünden“ und hat notwendigerweise eine soziale Voraussetzung: zwei oder mehr Individuen. Beneiden ist eine innere Aktivität, die auf einen oder mehrere Menschen gerichtet ist. Der Neider will mit dem Beneideten im allgemeinen keine soziale Beziehung aufnehmen, und er will in aller Regel vom Beneideten auch nicht als Neider erkannt werden.

Die Gefühle des Neids und des Beneidetwerdens treten auf, sobald zwei höhere Lebewesen – bereits auf der Stufe unter dem Menschen – sich miteinander vergleichen können. Das Sich-Vergleichen mit anderen ist in der menschlichen Natur angelegt. Damit gehört auch eine gewisse Bereitschaft, auf andere neidisch zu sein, zur biologischen und sozialen Ausstattung des Menschen. Nur wenige Menschen sind in der Lage – wie der Gutsbesitzer im biblischen Gleichnis von den Arbeitern im Weinberg – eine dem Neid gegenüber bewusst ignorierende Position zu beziehen.

Ohne die Fähigkeit zu – zumindest latenten – Neidgefühlen würde der Mensch in vielen Situationen von anderen einfach „überrollt“ werden. Potentieller Neid ermöglicht es uns – und er motiviert uns permanent dazu – Sachverhalte und Situationen, die in unserem Leben immer wieder auftreten, sowie Problemlösungen, mit denen wir konfrontiert werden, auf ihre Gerechtigkeit hin zu überprüfen.

Neid auf das, was andere haben – man selbst aber nicht – geht jedoch auch auf Kosten der Lebensfreude. Neid in übersteigerter Form kann das Leben vergällen. In zahlreichen Werken der Literatur und in Märchen (z. B. Schneewittchen) tritt der Neid in Haupt- oder Nebenrollen auf.

Die Wurzeln von Neidgefühlen liegen nach psychoanalytischer Auffassung in der Kindheit. Zunächst ist es die Mutterbrust, die dem Säugling zu oft vorenthalten wird. Später müssen viele Kinder mit einem Zuwenig an Geborgenheit, Zärtlichkeit und Zuwendung leben. Eine extrem in die Gegenrichtung orientierte Erziehung kann sich jedoch ebenfalls verhängnisvoll auswirken. Wird einem Kind zu viel Aufmerksamkeit entgegengebracht, wie es zum Beispiel bei Einzelkindern häufig geschieht, entwickelt sich daraus in späteren Jahren häufig ein enormes Anspruchsdenken: Man will alles für sich haben und reagiert mit Neid, wenn man es nicht bekommt.

Ein Kind, das von anderen Kindern abgelehnt und vom Spielen ausgeschlossen wird, fühlt sich seelisch verletzt und verdrängt seine sozialen Wünsche. Solche verdrängten Regungen können im späteren Leben – etwa in Form des Neides – wieder aus dem Unterbewusstsein auftauchen.

Jeder ärgert sich gelegentlich darüber, dass es anderen Menschen besser geht als ihm selbst. Wer jedoch zu sehr auf andere schielt, ist besonders anfällig für Neidgefühle und ihre negativen Auswirkungen. Von erfolgreichen Menschen, die sich von anderen beneidet fühlen, hört man gelegentlich den Satz: „Neid muss man sich verdienen, Mitleid gibt es gratis."

Von neidischen Regungen, die sich in Grenzen halten, kann unter Umständen auch eine beflügelnde Wirkung ausgehen. Der Erfolg anderer kann eine Antriebsfeder für entsprechende eigene Aktivitäten sein. Häufig auftretende intensive Neidgefühle können jedoch das Leben des Neiders vergiften. Was kann man dagegen tun?

- Eigene Wünsche erkennen und akzeptieren. Wer sich selbst nicht alles vorenthält, kann auch anderen etwas gönnen.
- Selbstbewusster werden, denn: Wer sich selbst nichts zutraut, beneidet andere.
- Aktiv den eigenen Erfolg anstreben. Wer selbst in Passivität verharrt und nur andere Menschen bei ihren Aktivitäten beobachtet, läuft Gefahr, neidisch zu werden und schließlich gar in Resignation zu verfallen.
- Neidsituationen erkennen, analysieren und verarbeiten.

Notieren Sie sich Situationen, in denen Neid bei Ihnen auftritt, und fragen Sie sich in jedem Einzelfall: „Muss ich wirklich neidisch sein, weil XY das oder jenes hat?“ Denken Sie an das afrikanische Sprichwort: „Ich war traurig, weil ich keine Schuhe hatte, da sah ich einen Mann, der hatte keine Füße.“

Es ist eine Binsenweisheit: Menschen, die alles haben, müssen nicht zwangsläufig glücklich sein. Sokrates, ein relativ bedürfnisloser Mensch, ging über den Markt von Athen und besah sich das Angebot der Händler. Ein Mann fragte ihn: „Was willst du eigentlich hier, wenn du nichts kaufst?“ Antwort des Philosophen: „Ich freue mich lediglich darüber, wie viele Dinge es gibt, die ich nicht nötig habe.“

„Gönne Dich Dir selbst“ – Ein Mönch coacht einen Papst

„Wenn ... alle Menschen ein Recht auf Dich haben, dann bist auch Du selbst ein Mensch, der ein Recht auf sich selbst hat. Warum solltest einzig Du selbst nichts von Dir haben? Wie lange noch schenkst Du allen anderen Deine Aufmerksamkeit, nur nicht Dir selber?
Ja, wer mit sich selbst schlecht umgeht, wem kann der gut sein? Denk also daran: Gönne Dich Dir selbst. Ich sage nicht: tu das immer, ich sage nicht: tu das oft, aber ich sage: tu es immer wieder einmal. Sei wie für alle anderen auch für Dich selbst da, oder jedenfalls nach allen anderen.“[16]

Bernhard von Clairvaux, 1090 geboren, Gründer des Zisterzienserordens und einer der bedeutendsten Theologen des Mittelalters, schrieb diese Zeilen in einem Brief an den damaligen Papst Eugen III., als er merkte, dass dieser von seiner Aufgabe fast erdrückt und aufgerieben wurde. Eugen III. war, bevor er Papst wurde, Abt eines Klosters, und davor – wie Bernhard – Zisterziensermönch in Clairvaux. Die beiden waren also einmal Mitbrüder und haben sich gut gekannt.

Ein Papst im Stress! Es geht um Zeitmanagement und Selbstfürsorge. Und das im 12. Jahrhundert, also vor etwa 900 Jahren. Geht es uns nicht oft auch so? Es gibt Tage, da weiß man nicht mehr, wo einem der Kopf steht. Man fühlt sich wie in einem Hamsterrad.

„Gönne Dich Dir selbst“ will sagen: Sei gut zu Dir. Tu Dir etwas Gutes! Es geht dabei nicht ums Konsumieren in allen Facetten, sondern darum, bewusster und achtsamer zu leben. Nicht selten artet

---

[16] Schellenberger, B. (Hrsg.): Bernhard von Clairvaux, Gotteserfahrung und Weg in die Welt, Olten 1982

dieses „sich etwas Gutes tun“ nämlich in Freizeitstress aus, bis man am Ende erschöpft ist und genau das Gegenteil erreicht. Ziel muss es im Gegensatz dazu sein, Gutes zu genießen, darin zu verweilen, dabei zu bleiben, „denn nicht das Vielwissen sättigt und befriedigt die Seele, sondern das Verspüren und Verkosten der Dinge von innen her“. (Ignatius von Loyola)

Also: Weniger ist oft mehr. Wir können auf Dauer nur für andere da sein, wenn wir uns selbst nicht vernachlässigen, sondern darauf achten, dass es uns auch gut geht.

Denken Sie positiv

Wer vor einem halb gefüllten Glas guten Weines sitzt, kann sich darüber freuen, dass er noch die Hälfte des Genusses vor sich hat, oder er kann bedauern, dass das Glas bereits halb leer ist. Derselbe Sachverhalt kann je nach Standpunkt und persönlicher Einstellung positiv oder negativ bewertet werden.

„Wenn man in jedem Fehlschlag den Anfang seines Unterganges sieht; wenn man fortwährend meint, dass nur andere Erfolg haben und sich selbst als einen Pechvogel betrachtet; wenn man den ganzen Tag nichts Anderes zu tun weiß, als über seine Leiden nachzudenken" – dann denkt man negativ. Wer „über Widerstände und unangenehme Dinge nicht wie die meisten Alltagsmenschen klagt und stöhnt", wer „alle Angst und Furcht vor Krankheit und Misserfolg aus seinem Herzen bannt und sich immer wieder sagt, dass alles gut werden wird", denkt im Gegensatz dazu positiv.[17]

Bemühen Sie sich um eine positive Einstellung zu allen Dingen – um positives Denken in jeder Lebenslage.

Nach Émile Coué ist jeder Gedanke bestrebt, Wirklichkeit zu werden, und nicht der Wille, sondern die Vorstellung ist die stärkste Kraft in uns. Kommen Wille und Vorstellungskraft miteinander in Konflikt, dann siegt in der Regel die Vorstellungskraft über den Willen.[18]

Von der jeweiligen Einstellung einer Sache gegenüber hängt es ab, ob Sie ein spezielles Vorhaben mit Lust- oder Unlustgefühlen ausführen. Wenn Sie sich zu etwas zwingen müssen, werden Sie mit hoher Wahrscheinlichkeit unangenehme Empfindungen dabei verspüren. Bei genauem Hinsehen gibt es jedoch fast nichts, was

---

[17] Schellbach, O.: Mein Erfolgssystem, Baden-Baden 1959, S. 59

[18] Coué, É.: Die Selbstbestimmung durch bewusste Autosuggestion, Basel 1973, S.43

nur Unlust bereiten würde. Versuchen Sie gegebenenfalls die Ursachen Ihres Unbehagens zu ergründen, und setzen Sie lustbetonte Vorstellungen dagegen. Wenn Sie zum Beispiel von sich aus auf andere Menschen zugehen, steht dem Risiko, von diesen abgewiesen zu werden, die Chance gegenüber, wertvolle Erfahrungen machen zu können und neue Freunde gewinnen zu können. Dieser positive Aspekt wird oft außer Acht gelassen.

Negative Selbsteinreden wirken hemmend und stehen Ihren Erfolgschancen im Wege. Demgegenüber können Gedanken mit positivem Akzent zur Richtschnur und zum Motor Ihres Handelns werden. Viele Menschen blockieren ihre Aktivitäten zur Bewältigung neuer Aufgaben und Lebenslagen durch negative Autosuggestionen. Sie reden sich Müdigkeit, Langeweile und die Unfreundlichkeit von Mitmenschen ein und verwenden häufig unreflektiert Spruchweisheiten und Zitate. Die hemmende Einstellung: „Aller Anfang ist schwer", können Sie zum Beispiel umdrehen in die impulsgebende Devise: „Frisch gewagt ist halb gewonnen."

Jedes Ding hat – wie eine Münze – zwei verschiedene Seiten. Eine davon ist meist positiv. Versuchen Sie, diese positive Alternative zu erkennen. Ein konstruktiver Gedanke kann eine destruktive Stimmung vertreiben.

Übertriebener Neid ist destruktiv, nutzlos und unersättlich. Er zerstört die Freude an Dingen, die wir besitzen und Fähigkeiten, die wir haben (vgl. auch S. 87ff.). Der Neidische zittert vor dem Gedanken, dass jemand mehr haben könnte als er selbst. Wenn sich der Besitzstand dessen, den er beneidet, nicht erreichen lässt, versucht der Neidische durch Herabsetzen des anderen, sich selbst aufzuwerten. „Wer wenig begehrt, hängt von Wenigem ab", sagt ein Sprichwort. Wenn Neidgedanken in Ihnen hochsteigen, polen Sie um auf *gönnen*.

Viele Menschen bemühen sich durch das Klagen über ständig wechselnde Beschwerden verschiedenster Art – zum Beispiel immer neue Beeinträchtigungen der Gesundheit – die Umwelt zu zwingen, ihnen mehr Teilnahme, Fürsorge und Beachtung zu schenken. Alle anderen Leiden und Sorgen der Welt scheinen für diese Menschen nicht zu existieren. Springen Sie vom Karussell des Selbstbemitleidens ab, und verschwenden Sie keine Zeit darauf, sich selbst leid zu tun.

Wenn sich negative Gedanken oder Gefühle einstellen, gehen Sie diesen sofort nach. Machen Sie sich bewusst, ob ein Gefühl der Unsicherheit oder gar der Angst begründet ist. Entwickeln Sie bei unbegründeten Ängsten sogleich eine positive Gegenvorstellung, und konzentrieren Sie sich darauf. Polen Sie um: Von Angst auf Mut, von Zweifel auf Hoffnung, von Lustlosigkeit auf Handeln, von Missmut auf Heiterkeit.

Kann man Optimismus lernen?

Optimismus (lat. optimum, „das Beste") ist eine Lebensauffassung, eine Geisteshaltung. „Wenn Sie einen einzigen Wunsch frei haben für Ihre Kinder", schrieb der Psychologe und Nobelpreisträger Daniel Kahneman, „ziehen Sie ernsthaft Optimismus in Betracht."
Der US-amerikanische Psychologe und Bestsellerautor Martin Seligman zum Beispiel – ein Mitbegründer der „Positiven Psychologie" – beantwortet, die in der Überschrift gestellte Frage in und mit seinem Buch: „Pessimisten küsst man nicht. Optimismus kann man lernen" mit einem eindeutigen Ja.
Vor etwa 130 Jahren wurde die Psychologie als akademische Disziplin begründet. Lange Zeit widmeten sich Forscher fast ausschließlich den Schattenseiten der Seele (Angst, Schmerz, Depression...). Martin Seligman u.a. setzten sich vehement für eine Wende in Richtung Beschäftigung mit Entstehungsbedingungen und Aufrechterhaltung positiver Gefühle ein. Untersucht wird zum Beispiel die „Zuversicht", die in so unterschiedlichem Maß unter den Menschen verteilt ist. Gearbeitet wird mit differenzierten Fragebögen:
Wer zum Beispiel der Behauptung: „In unsicheren Zeiten erwarte ich trotzdem das Beste" weitgehend zustimmt, wird zu den Optimisten gezählt.
Wer bei Aussagen wie: „Wenn etwas bei mir schiefgehen kann, geht es auch schief" hohe Zustimmungswerte erreicht, wird als pessimistisch eingestuft.

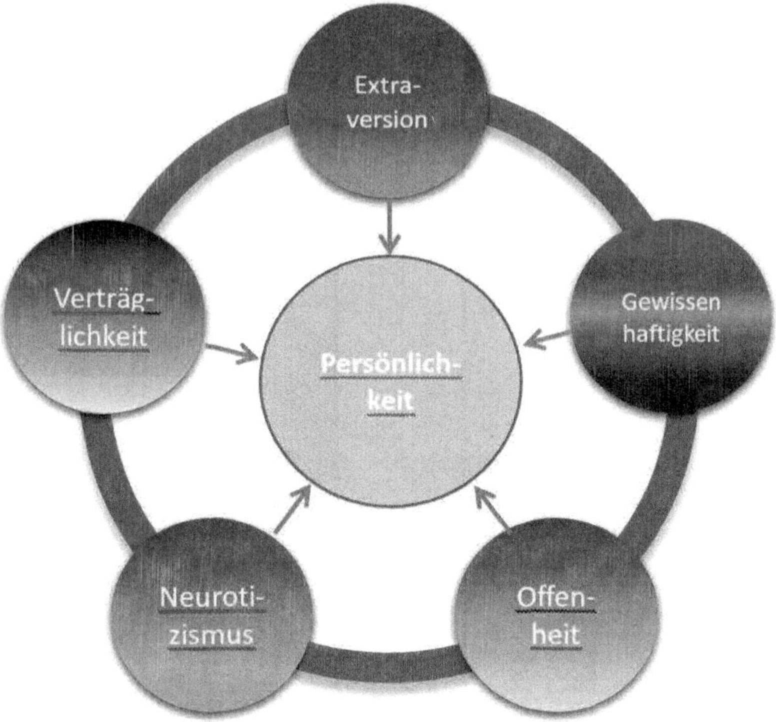

Abbildung 6: Die fünf Hauptdimensionen der Persönlichkeit

Die sog. „Big Five" (Abbildung 6) sind die fünf Grundbausteine, aus denen sich die Persönlichkeit eines Menschen zusammensetzt. Es sind die – durch aufwendige rechnerische Verfahren ermittelten und statistisch voneinander unabhängigen – Faktoren (Wesensmerkmale): Extraversion, Verträglichkeit, Neurotizismus, Gewissenhaftigkeit, Offenheit.

Ausgeprägt extravertierte Menschen sind besonders gesellig, gehen gern auf andere zu, begeben sich mit Vorliebe unter Leute und reden viel. Neurotizismus bezeichnet, wie besorgt jemand ist, ob er verstärkt zu Depressionen und Selbstmitleid neigt oder eher zufrieden und selbstsicher ist. Wer optimistisch ist, zeichnet sich zumeist durch eine stark ausgeprägte Extraversion und einen niedrigen Neurotizismus aus und er geht selbstbewusst und offen auf andere Menschen zu. Pessimisten sind dagegen verstärkt introvertiert und ausgeprägt neurotisch, blicken besorgt auf sich und andere und meiden häufig andere Menschen.

In der Psychologie gibt es das Phänomen der „selbsterfüllenden Prophezeiung“. Womit man sich gedanklich permanent beschäftigt, was man erwartet oder vorhersieht, neigt dazu, Wirklichkeit zu werden. So gesehen sind sowohl Optimisten als auch Pessimisten gute Propheten. Beide haben Recht. Sie unterscheiden sich jedoch in einem sehr wichtigen Punkt: Der Optimist fühlt sich gut, der Pessimist fühlt sich schlecht.

Optimisten und Pessimisten richten bei ein und demselben Sachverhalt ihr Augenmerk auf völlig unterschiedliche Dinge. Pessimisten haben ihrem Gehirn via Erfahrungen beigebracht, auf das Negative, Unerfreuliche zu schauen und sie haben daraus eine pessimistische Sicht der Dinge und die Gewohnheit entwickelt, eher negativ zu denken. Ein Scheitern betrachten sie nicht selten als universelle Gesetzmäßigkeit ihres Lebens.

Jedoch: Was man gelernt hat, kann man auch wieder verlernen. Wir können unsere pessimistische Sichtweise — in Grenzen — durch eine optimistischere ersetzen.

Seligman hat also recht: Optimismus kann man – zumindest in Maßen – lernen. Der entscheidende Unterschied zwischen Optimisten und Pessimisten liegt nicht in den jeweils objektiv gemachten Erfahrungen, sondern in ihren persönlichen Erklärungsmustern, der gedanklichen Bewertung dieser Erfahrungen. Der Unterschied besteht genau darin, worauf jemand seine Erfolge und Misserfolge zurückführt und welche Erwartungen für ihn daraus für die Zukunft resultieren.

In der Sozialpsychologie bezeichnet man solche Erklärungsmuster als „Kausalattribuierung“, als Ursachenzuschreibung. Wer Erfolge prinzipiell seinem Können zuschreibt und Misserfolge widrigen

äußeren Umständen, geht an künftige Aufgaben optimistischer heran als jemand, der seine Erfolge auf günstige äußere Umstände oder Glück zurückführt und Misserfolge auf seine mangelnden Fähigkeiten.
Wer Erfolge prinzipiell dem eigenen Können zuschreibt und Niederlagen auf Zufälligkeiten und äußere Umstände zurückführen kann, stärkt dadurch sein Selbstvertrauen – selbst wenn das Erklärungsmuster nicht ganz der Realität entspricht.

> *"A pessimist is one who makes difficulties of his opportunities and an optimist is one who makes opportunities of his difficulties."*
>
> Harry S. Truman

Optimisten richten ihre Aufmerksamkeit vor allem auf den erwarteten Gewinn und weniger auf die möglichen Verluste. Optimisten gehen deshalb meist größere Risiken ein als Pessimisten. Nach den Erkenntnissen der Rational-emotiven-Therapie (Albert Ellis) sind Ihre Gefühle die „Auftragsarbeit" Ihrer Gedanken: „Nicht die Dinge selbst beunruhigen uns, sondern unsere Vorstellungen von den Dingen." (Epiktet)
Entscheidend ist die Art und Weise, wie wir über Dinge denken. Sie sind demnach „der Steuermann/die Steuerfrau" Ihrer Gefühle, und Sie können lernen, sich so zu fühlen wie Sie möchten, unabhängig von den jeweiligen Umständen und unabhängig davon, was andere Menschen sagen oder tun.
Den Zusammenhang zwischen Denken und Fühlen/Verhalten bezeichnet man als „ABC der Gefühle" (vgl. auch S. 103 ff.).

"A" (activating event) steht für die Situation in der Sie optimistischer sein möchten.
„B" (beliefs) steht für Ihre Gedanken, Bewertungen, Einstellungen.
„C" (consequences) steht für Ihre Gefühle und Verhaltensweisen.

Mit Hilfe von zwei Fragen können Sie „B“ daraufhin überprüfen, ob es eher pessimistisch oder eher realistisch ist:

- Entspricht der Gedanke den Tatsachen? Sie können zum Beispiel nicht in die Zukunft schauen und wissen, wie ein anderer reagieren wird. Sie können auch nicht die Gedanken eines anderen Menschen lesen.
- Hilft mir der Gedanke, mich so zu fühlen und zu verhalten, wie ich möchte?

Gedanken, die nicht den Tatsachen entsprechen oder die uns nicht helfen, uns so zu fühlen, wie wir es möchten, sind unrealistische, bzw. pessimistische Gedanken. „Optimisten denken anders“ (Segerstrom) und sie leben länger (Seligman: „Warum Optimisten länger leben“). Ein Pessimist hat schon viel gewonnen, wenn es ihm gelingt, wie ein Realist zu denken.
Um die Möglichkeiten des Modell-Lernens zu nutzen – bzw. diesbezügliche negative Lernerfahrungen zu vermeiden – sollten Sie die Gesellschaft von Optimisten suchen und die Gesellschaft von Pessimisten eher meiden.
Halten Sie sich von Menschen fern, die permanent klagen und jammern und Ihnen laufend erklären, warum etwas nicht gutgehen kann.
Der Kognitive Verhaltenstherapeut Rolf Merkle empfiehlt (im Internet) als Strategie für mehr Optimismus: „Reagieren Sie positiv auf die Frage: ‚Wie geht´s?‘ Gewöhnen Sie sich an, auf die Frage nach Ihrem Befinden zu antworten: ‚Danke, sehr gut‘ oder ‚Bestens‘. Auch wenn es Ihnen nicht gut geht – gerade dann. Je mehr Sie sich in Gedanken und in Gesprächen mit anderen mit Ihrem schlechten Befinden beschäftigen, umso schlechter geht es Ihnen. Sie tun sich keinen Gefallen, wenn Sie über Schmerzen oder ein schlechtes Befinden klagen. Sie verschlimmern Ihre Beschwerden nur noch, weil Sie sich darauf konzentrieren. Wenn dann der andere in Ihr Klagelied auch noch einstimmt, ziehen Sie sich gegenseitig noch weiter runter.“

Die Optimismus-Forscherin Suzanne Segerstrom von der University of Kentucky fordert Menschen auf, eine Art „Optimismus-Tagebuch" zu führen, in dem sie positive Gedanken, Wünsche und Erlebnisse festhalten. Menschen, die Zuversicht erlernen wollen, sollen jeden Tag in einem „Protokoll der guten Dinge" drei Erlebnisse festhalten, die sie als angenehm empfunden haben. Wenn wir unsere Aufmerksamkeit auf positive Dinge verlagern, verschiebt sich mit der Zeit unsere Sicht der Dinge. Nachgewiesenermaßen vermögen wir so auch im Erwachsenenalter noch eine optimistischere Lebenseinstellung zu gewinnen.

> *"Der Optimist hat nicht weniger oft unrecht als der Pessimist, aber er lebt froher."*

Charlie Rivel

Nicht alles persönlich nehmen

Nehmen Sie nicht alles so ernst. Sie sollten Ihre Fehler nicht überbewerten oder sich gar in Selbstvorwürfen zerfleischen; oft sind es bei genauem Hinsehen nur Belanglosigkeiten.
Beziehen Sie Kritik, die von Mitmenschen gegen Sie vorgebracht wird, ausschließlich auf Ihr Verhalten und nicht auf Ihre Person. Sie sind lediglich der Verursacher Ihres Verhaltens. Es kann sein, dass Sie eine Aufgabe völlig unzureichend erledigt haben. Daraus zu schließen, Sie seien als Mensch ein „Versager", ist rational nicht gerechtfertigt; es ist schlichtweg ein – allerdings oftmals verhängnisvoller – Aberglaube. Misserfolg in irgendeiner Rolle oder Situation macht Sie genauso wenig zum „Versager", wie Sie sich nicht deshalb in einen Vogel verwandeln, weil Sie gelegentlich wie ein Vogel pfeifen. Nehmen Sie ein Nein anderer Menschen, wenn es um die Erfüllung Ihrer Wünsche geht – bis zum Beweis des Gegenteils – als Nein zur Sache und nicht als Ablehnung Ihrer Person. Sollte sich herausstellen, dass Ihnen jemand ein Gefühl der Minderwertigkeit geben wollte, brauchen Sie diese Wertung Ihrer Person nicht zu akzeptieren. Auf den griechischen Philosophen Epiktet geht die Erkenntnis zurück: „Nicht die Dinge selbst beunruhigen die Menschen, sondern die Vorstellungen von den Dingen."[19]
Eine bestimmte Situation kann der Auslöser für eine Vielzahl verschiedener Gefühle sein. Wenn Sie sich zum Beispiel auf eine Rede, die Sie zu halten haben, vorbereiten und einen möglichen Misserfolg als „fürchterlich" einschätzen, macht Sie nicht die bevorstehende Rede „verrückt", sondern Sie machen sich durch Ihre „katastrophisierenden" Gedanken selbst „verrückt". Vermeiden Sie es, aus unangenehmen Dingen furchtbare Ereignisse zu machen.

---

[19] Epiktet: Handbüchlein der Moral und Unterredungen (Herausgegeben von Heinrich Schmidt), Stuttgart 1978, S. 24

Dinge und Menschen sind so, wie sie sind

Die Realität unserer Welt ist in vieler Hinsicht nicht gerade erfreulich. In aller Regel ist es jedoch keine Katastrophe, wenn Dinge nicht so sind, wie wir sie gerne hätten. Es ist ein irrationales Verlangen, von der Wirklichkeit zu fordern, sie müsse anders sein als sie ist.

Wenn Sie keine Möglichkeit sehen, Dinge, an denen Sie sich stören, zu korrigieren, überlegen Sie, wie Sie Ihre Einstellung dazu verändern können.

Alles, was wir wissen und verstehen (Ideen, Annahmen, Begriffe, ...), basiert auf Lernerfahrungen, die wir gemacht haben. In diesem Zusammenhang gehen wir, was unsere Umwelt betrifft, vor allem von unseren eigenen Ideen aus, die wir von den Eigenschaften anderer Menschen haben. Wir schließen von uns auf andere. Wenn ich sage: „Nach meinen Erfahrungen ist jemand wie dieser Mensch so und so“, lasse ich außer Acht, dass die Erfahrungen, die ich früher gemacht habe, für diesen Menschen sachlich irrelevant sein können.

Gelassenheit – ein Weg zu seelischer Stärke und Gesundheit in unserer hektischen und angsterregenden Zeit – entsteht durch loslassen. Wer gelassen ist, ist ausgeglichen und kann ausgleichend auf andere wirken, denn gelassen sein heißt auch, andere Menschen so lassen zu können, wie sie sind. Die Fehler und Macken Ihrer Mitmenschen sind primär deren Problem; ärgern Sie sich nicht länger darüber.[20]

---

[20] Vgl. Ceh, J.: Gelassenheit trainieren, München 1989

Schlechte Stimmung – „hausgemacht“?

Körperliche Schmerzen sind im allgemeinen ein Warnsignal für gesundheitliche Störungen. Analog dazu können seelisches Leid und schlechte Stimmungen Indizien dafür sein, dass unsere geistig-seelische Gesundheit beeinträchtigt oder gar gefährdet ist.
Wir neigen meist dazu, für Verwirrung, Streit und sonstige Schwierigkeiten jeweils „die anderen“ verantwortlich zu machen. Wer sind denn nun diese „anderen“? Für die Jungen sind es die Alten, für die Reichen die Armen, für die Arbeiter sind es die Unternehmer, ... Auch wir alle gehören zu „den anderen“, denn bei jedem dieser Beispiele lassen sich die Wörter „und umgekehrt“ hinzufügen.
Viele Menschen meinen, Ihre Stimmungen und Gefühle würden durch andere Personen oder durch die jeweilige Situation, in der sie sich gerade befinden, verursacht. Sie wissen nicht, dass ihre Gewohnheiten der Wahrnehmung und des Denkens die meisten ihrer Gemütsbewegungen auslösen und aufrechterhalten. Die große Chance zur Selbsthilfe besteht nun darin, dass diese Gewohnheiten – wie alle anderen Gewohnheiten auch – erlernt wurden und deshalb wieder verlernt werden können. Nach einem Konzept („ABC-Schema“), das von dem amerikanischen Psychologen Albert Ellis entwickelt wurde[21], erzeugen wir unsere Stimmungen und Gefühle weitgehend selbst (vgl. auch S. 98f.). Ellis geht davon aus, dass unsere Gefühle nicht direkt durch auslösende Ereignisse bestimmt werden, sondern durch unsere Interpretation und Bewertung dieser Ereignisse.

A Auslösendes Ereignis
Sie nehmen durch Sehen, Hören, Schmecken, Riechen

[21] Ellis, A.: Die rational-emotive Therapie, München 1977

oder Tasten etwas wahr, erinnern sich an eine bestimmte Situation oder einen bestimmten Sachverhalt, oder Sie empfinden in Ihrem Körper Müdigkeit, Anspannung, Schmerz, ...

B Bewertung von A, Einstellung zu A
Sie schätzen diese Wahrnehmung für sich positiv, negativ oder neutral ein. Dieser kognitive Prozess der subjektiven Bewertung veranlasst Ihr Gehirn, entsprechende Reaktionen (Gefühle, Handlungen) bei Ihnen einzuleiten.

C Emotionale Reaktion (Stimmungen, Gefühle), Verhaltensänderung

Für Ihre gefühlsmäßigen Reaktionen auf ein auslösendes Ereignis ist es von entscheidender Bedeutung, was Sie über Ihre Wahrnehmungen denken und glauben. Eine veränderte Einstellung zu einem Sachverhalt führt damit zu anderen Gefühlen.
Wer häufig ähnliche Wahrnehmungen macht, dabei kognitiv immer wieder die gleichen Wertungen vornimmt und darauf jeweils emotional gleich reagiert, sorgt dafür, dass sich in seinem Gehirn diese Wahrnehmungen und entsprechenden Gedanken zu relativ beständigen „Schaltmustern“ verknüpfen.
Übernehmen Sie die Verantwortung für Ihre eigene Gefühlswelt: „Du würdest unwillig sein, wenn jemand dem ersten besten auf der Straße deinen Körper überließe. Dass du aber dem ersten besten dein Gemüt überlässt, so dass es über seine Schmähungen in Aufregung gerät, dessen solltest du dich nicht schämen?“[22]
Sie können Ihre Gedanken steuern. Da Ihre Gefühle von Ihren Gedanken generiert werden, können Sie über Ihre Gedanken auch Ihre Gefühle steuern. Nicht: „Du hast mich traurig gemacht“, sondern: „Ich habe mich selbst traurig gemacht“. Nicht: „Du hast

[22] Epiktet: Handbüchlein der Moral und Unterredungen (Herausgegeben von Heinrich Schmidt), Stuttgart 1978, S. 35

mich in aller Öffentlichkeit blamiert“, sondern: „Ich bin mir selbst blamiert vorgekommen, weil ich deiner Meinung über mich mehr Wert zugemessen habe als meiner eigenen und weil ich davon ausgegangen bin, dass die Öffentlichkeit ebenso verfahren würde“.

Viele Menschen befinden sich in einem Teufelskreis: Sie schätzen ihre Fähigkeiten negativ ein („Das schaffe ich nie.“), damit versetzen sie sich in Unruhe, Nervosität und Erwartungsangst. Ihre Leistungsfähigkeit vermindert sich. Die eigene Erfahrung von Misserfolg und die negative Rückmeldung durch andere Menschen führen dazu, dass sie ihre eigenen Fähigkeiten nach einem Misserfolgserlebnis noch negativer beurteilen. Zudem besteht die Gefahr, dass sich solche kognitiven und emotionalen Gewohnheiten und die entsprechenden Verhaltensmuster auf immer mehr Lebensbereiche ausdehnen. Aus dem Teufelskreis wird eine „negative Spirale“.

Wenn Sie demgegenüber Ihre Fähigkeiten positiv einschätzen, entsteht daraus Zuversicht, und Ihre Leistungsfähigkeit erhöht sich. Den Erfolg Ihrer Bemühungen können Sie selbst feststellen; zudem erhalten Sie das positive Feedback Ihrer Mitmenschen. Beides führt dazu, dass Sie Ihre eigenen Fähigkeiten noch positiver beurteilen und dass sich Ihre Stimmungslage noch weiter bessert („Engelskreis“, „positive Spirale“).

Nach Albert Ellis treten Störungen des körperlich-seelischen Befindens oft auch im Zusammenhang mit sogenannten „irrationalen Annahmen“ auf. Ellis beobachtete, dass viele Menschen – vor allem des westlichen Kulturkreises – von bestimmten, als selbstverständlich angesehenen Annahmen ausgehen, die letztlich unerfüllbar sind und sie überfordern.

Zu den am weitesten verbreiteten irrationalen Annahmen zählen:

1. Die Vorstellung, dass es für einen erwachsenen Menschen unbedingt notwendig ist, von *jeder Person* in seiner sozialen Umwelt geliebt und akzeptiert zu werden.

2. Die Vorstellung, dass man vollständig kompetent und erfolgreich unter allen möglichen Bedingungen sein muss, damit man sich selbst als wertvoll einschätzen kann.
3. Die Vorstellung, dass bestimmte Menschen schlecht, boshaft oder schurkisch sind und dass sie für ihre Schlechtigkeit streng verurteilt und bestraft werden müssten.
4. Die Vorstellung, dass es eine Katastrophe ist, wenn die Dinge nicht so sind, wie man sie sehr gerne haben möchte.
5. Die Vorstellung, dass man über ein Geschehen, das gefährlich und furchterregend ist, sehr besorgt sein muss und ständig an die Möglichkeit denken muss, dass es tatsächlich eintritt.
6. Die Vorstellung, dass menschliches Unglück durch äußere Umstände bedingt ist und dass Menschen wenige oder gar keine Möglichkeiten haben, ihre Sorgen und ihr Unglücklichsein zu beeinflussen.
7. Die Vorstellung, dass es leichter ist, bestimmte Situationen, Schwierigkeiten im Leben, Dinge, für die man selbst verantwortlich ist, zu erleiden, als sich mit ihnen zu konfrontieren.
8. Die Vorstellung, dass man von anderen abhängig ist und jemanden braucht, der stärker ist als man selbst, auf den man sich verlassen kann.
9. Die Vorstellung, dass die eigene Vergangenheit sehr wichtig und bestimmend für die gegenwärtige Situation ist und dass ein Einfluss, der einen früher einmal nachhaltig beeinträchtigt hat, unbedingt wieder denselben Effekt haben muss, wenn er erneut auftritt.
10. Die Vorstellung, dass man sich große Sorgen über die Probleme und Schwierigkeiten anderer Leute machen muss.

11. Die Vorstellung, dass es eine bestimmte richtige, präzise und perfekte Lösung für jedes menschliche Problem gibt und dass es eine Katastrophe ist, wenn diese korrekte Lösung nicht gefunden wird.

Niemand kann Sie ärgern, außer Sie sich selbst

Wer mit seinem Auto vor einer geschlossenen Bahnschranke steht und – weil er weiß, dass er wahrscheinlich zu spät zu einem Gesprächstermin kommen wird – schimpft und flucht, macht sich seine schlechten Gefühle selbst und verschwendet Energie, die sich gegen ihn selbst richtet. Die Schranke wird sich durch noch so große Aufregung des Fahrers keine Sekunde früher öffnen. Der Wartende steigert jedoch seine Nervosität und wird mit großer Wahrscheinlichkeit anschließend sein Fahrzeug mit verminderter geistiger Konzentration lenken. Der Fahrer wäre weit besser beraten, zu denken: „Aufregung lohnt sich nicht! Ich entspanne mich und überlege mir, wie ich nach dem Öffnen der Schranke die Verspätung vielleicht doch noch aufholen kann, beziehungsweise wie ich mich, wenn ich doch zu spät kommen sollte, in dem Gespräch verhalten werde." Nicht die geschlossene Schranke an sich beunruhigt den Wartenden, sondern die Meinung, die er sich über die Situation gebildet hat.
Sich aufregen, fluchen, genervt und wütend sein sind Verhaltensweisen und Gefühle, die ihre Ursachen in den Gedanken haben, die wir uns über uns selbst, über andere Menschen oder über die Dinge der Welt machen. Es sind Denkgewohnheiten, mit denen sich viele Menschen (gegenseitig) das Leben schwer machen und mit denen sie ihrer Gesundheit schaden.
Ärger verhindert oft ein der jeweiligen Situation angemessenes Verhalten; eine Tatsache, die zum Beispiel in folgenden Spruchweisheiten ihren Ausdruck findet:

> „Jeder mächtige Affekt macht blind."
>
> „Wer sich zu Emotionen hinreißen lässt, verliert an Position."
>
> „Wer brüllt, hat nichts zu sagen."

Schuld am Ärger sind immer enttäuschte Erwartungen. Nehmen Sie die Menschen so, wie sie sind, es gibt keine anderen. Akzeptieren Sie den Mitmenschen so, wie er ist – mit seinen Stärken *und* Schwächen. Eine solche Grundhaltung entspricht der „Ich bin o.k. – Du bist o.k. – Lebensanschauung“, der von Eric Berne entwickelten Transaktionsanalyse (vgl. auch S. 17ff.).

Lassen Sie Ihre irrationalen Erwartungen los – dann kann Sie das Leben angenehm überraschen. Streichen Sie in diesem Zusammenhang die Worte „sollte“, „es hat zu sein“, „muss“ aus Ihrem Vokabular und ersetzen Sie sie durch: „Es wäre schön, wenn ... – wenn es jedoch nicht so ist, ist es auch keine Katastrophe.“ Erwarten Sie keinen Dank von Ihren Mitmenschen. Sie werden sonst manipulierbar. An Vorschriften, die man nicht ändern kann, sollte man sich anpassen, ohne sie innerlich zu bejahen – das schont die Gesundheit.

Das Gebot der Bibel: „Liebe Deinen Nächsten wie Dich selbst“, fordert positives Denken über sich selbst und den anderen. Einen Menschen zu lieben setzt voraus, dass man positiv über ihn denkt — ebenso wie Selbstliebe nur auf der Grundlage eines positiven Selbstbildes möglich ist. Der Spruch: „Am Angreifer entzündet sich nur der Zorn, der in mir ist“, trifft den Kern dieser Problematik. Nur wer Minderwertigkeitsgefühle hat, fühlt sich angegriffen. Kein anderer Mensch gehört mir – jeder gehört nur sich selber. Wir gehen bestenfalls ein Stück des Wegs gemeinsam und gehören eine Zeitspanne in Glück und Leid zusammen. Diesen Sachverhalt hat Fritz Perls in seinem „Gestalt-Gebet“ sehr schön zum Ausdruck gebracht.

„Ich gehe meinen Weg, und du gehst deinen Weg.
Ich lebe nicht in dieser Welt, um deinen Erwartungen zu entsprechen,
und du lebst nicht in dieser Welt, um den meinen zu entsprechen.
Ich bin ich, und du bist du. Und wenn wir uns begegnen sollten – ist es wunderschön.“

In negativen Gedanken und Denkgewohnheiten dominieren die eigenen Schwächen. Gelegentlich kommt es zu Selbstvorwürfen, die bis zur Selbstverachtung führen können. Im Gegensatz dazu fördern positive Gedanken die Selbstachtung, bewirken der Situation adäquates Verhalten und schaffen Wohlbefinden, Leistungsfähigkeit und Lebensfreude. Positives Denken fördert die Entstehung eines von einer realistischen Selbsteinschätzung geprägten Selbstbildes der eigenen Stärken und Schwächen.
Nehmen Sie Ihr Leben selbst in die Hand, suchen Sie nach Entwicklungs- und Veränderungsmöglichkeiten, und verzichten Sie auf Schuldzuweisungen. Fehler in der Zukunft zu vermeiden ist wichtiger, als die Schuldfrage im Nachhinein zu klären.
Negative Gedanken machen hilflos und führen zu Selbstzweifeln. Auch Sie werden es nicht schaffen, alles zu ändern, was Sie stört. Welchen Grund gäbe es, dass die anderen so sein sollten, wie Sie es von ihnen erwarten, und warum sollten sich – wegen Ihres Wunschdenkens – die Lebensumstände ändern?

Sofort entscheiden oder „auf die lange Bank schieben“?

Entscheiden können heißt, zwischen mehreren Alternativen wählen zu können. Voraussetzung für eine fundierte Entscheidung ist eine möglichst umfassende Information über die zur Auswahl stehenden Möglichkeiten.
Fragen Sie sich bei schwierigen Entscheidungen, was Ihnen schlimmstenfalls zustoßen könnte, wenn Sie wirklich täten, was Sie aus Unentschlossenheit oder Feigheit gerne aufschieben würden.
Sie tragen vor allem für sich selber Verantwortung; nur Kindern und Unmündigen können Sie die Verantwortung abnehmen. Statt jemanden zu bitten, er möge Ihnen raten, was Sie in einer Entscheidungssituation tun sollen, da er es auf Grund seiner Erfahrungen am besten wisse, könnten Sie zum Beispiel zu ihm sagen: „Erklären Sie mir bitte die Vor- und Nachteile möglicher Alternativen, damit ich mich selbst entscheiden kann, was für mich das Beste ist.“
Akzeptieren Sie in Ihrem Leben Unabänderliches, und richten Sie sich alles andere „passender“ ein. Vor jeder Entscheidung sollten Sie sich über Ihre Möglichkeiten in der konkreten Problemsituation (Optionen) umgehend informieren. Nachdem Sie einen bestimmten Weg gewählt haben, können Sie nie mit letzter Gewissheit sagen, was passiert wäre, wenn Sie sich anders entschieden hätten. Alles hat Vor- und Nachteile, und wenn Sie eine Wahl treffen, müssen Sie auch auf etwas verzichten und mögliche Folgekosten übernehmen. Der selbstquälerische Satz: „Hätte ich doch nur ...“, sollte für Sie tabu sein. Unentschlossene müssen zwar meist nichts von Ihrem Besitzstand preisgeben; sie müssen allerdings damit leben, dass andere für sie die Entscheidungen treffen.

Bei Entscheidungsprozessen sollten Sie am besten schrittweise vorgehen:

a) Bestandsaufnahme und Diagnose der Problematik
Beschreiben Sie den Status quo und äußern Sie Ihre Meinung dazu.

Was finden Sie gut? Was empfinden Sie als schlecht oder als nicht mehr akzeptabel? Was wollen Sie ändern? Wer – außer Ihnen – wird von einer Änderung noch betroffen?

b) Auflisten der Möglichkeiten zur Problemlösung
Bei diesem Schritt gilt: Eine Zensur (der Einfälle) findet nicht statt. Erfassen Sie auch Möglichkeiten, die Ihnen zunächst als unwahrscheinlich oder vielleicht sogar als „unmöglich" erscheinen. Auch die Inhalte Ihrer Träume haben Platz auf dieser Liste.

c) Treffen der „ersten Wahl"
Werden Sie sich zunächst darüber klar, was Sie für sich eigentlich erreichen wollen; das ist Ihre wichtigste Entscheidungsgrundlage. Suchen Sie sich die für Sie beste Möglichkeit heraus. Dann treffen Sie damit Ihre „erste Wahl". Machen Sie sich bewusst: Die Entscheidung für diese Alternative ist Ihre erste, aber nicht Ihre einzige Möglichkeit.

d) Aufstellen eines Aktionsplanes
Setzen Sie sich konkrete Ziele und Teilziele, die Sie schriftlich ausformulieren. Für ein erstrebenswertes Ziel lohnt es sich, entsprechend zu arbeiten.
Wenn jemand beispielsweise unter Kontaktarmut leidet, könnte er sich vornehmen: „Ich will mehr Menschen ansprechen." Diese Aussage ist jedoch zu vage; es fehlen nachprüfbare Maßstäbe für einen Erfolg diesbezüglicher Bemühungen. Eine operationale Formulierung eines Teilzieles auf dem Weg, geselliger und weltoffener zu werden, könnte lauten: „Innerhalb der nächsten Woche werde ich einen – mir bisher nicht bekannten – Menschen ansprechen."

e) Belohnung nach dem Erreichen eines selbstgesteckten Ziels
Vielleicht lobt Sie jemand, nachdem Sie ein Teilziel erreicht haben. Verdient hätten Sie es. Wenn eine solche Fremdverstärkung ausbleibt, gönnen Sie sich eine ganz auf Ihre persönlichen Verhältnisse zugeschnittene Anerkennung (Kauf eines Buches, Theaterbesuch, ...). Im Rheinland bezeichnet man ein solches Vorgehen als „jönne könne".

f) Neue Bestandsaufnahme des Status quo
Einen Entschluss haben Sie bereits in die Tat umgesetzt. Befassen Sie sich nun mit dem nächsten Schritt zur Lösung Ihres Problems. Vielleicht bieten sich inzwischen weitere Chancen. Welche dieser Möglichkeiten wollen Sie (konkret) wie nutzen?

Schieben Sie keine Entscheidung „auf die lange Bank". Passivität ist auch eine Entscheidung, aber nicht unbedingt die beste. Was Sie erledigt haben, kann Sie nicht mehr ängstigen.
Stehen Sie zu Entscheidungen, die Sie bereits getroffen haben. Eine abgewogene Entscheidung darf auch einmal falsch sein. Sehen Sie in jedem Fehler künftig einen Anlass zu weiterem Fortschritt. Das nächste Mal wird es klappen, denn Sie wissen nach einem Misserfolg, welchen Fehler es künftig zu vermeiden gilt. Bedenken Sie auch: Eine zu hohe Erwartungshaltung führt fast mit Sicherheit zum Scheitern.
Entscheidungen, die in einer bestimmten Situation für uns vorteilhaft sind, können sich in einer anderen nachteilig auswirken. Aus Gründen der Wirklichkeitsnähe ist gelegentlich eine Meinungsänderung erforderlich und als ganz normaler Vorgang zu betrachten. Ihr persönliches Recht auf Selbstsicherheit beinhaltet das Recht, Ihre Meinung zu ändern. Verweist man Sie darauf, dass Sie früher eine andere Ansicht äußerten, könnten Sie zum Beispiel folgendermaßen kontern: „*Sie* können mich nicht daran hindern, dazuzulernen."
Grundlegende, umfassende, den diesbezüglichen aktuellen Forschungsstand der Psychologie berücksichtigende Ausführungen zur Thematik „Entscheidungsfindung" enthält mein Buch „Richtig klug entscheiden".[23] Es ist sehr praxisnah und beinhaltet viele Beispiele aus dem privaten und beruflichen Bereich.

---

[23] Ceh, J.: Richtig klug entscheiden. Sicher – kompetent – souverän – schnell, Norderstedt 2018

Wege zu mehr persönlicher Souveränität

Souveränität (vom Lateinischen „superanus“ = „darüber befindlich“) bedeutet, eigenständig und selbstbestimmt zu denken, zu fühlen, zu handeln.
In Bezug auf menschliches Verhalten wird das Adjektiv *souverän* mit selbstsicherem Auftreten gleichgesetzt. Inhaltlich nichts zu tun hat das Eigenschaftswort mit Überheblichkeit, Arroganz oder dem Beherrschen anderer Menschen.
Kriterien, die souveräne Menschen auszeichnen, sind:

- Autonomie
- Unabhängigkeit
- Eigenständigkeit
- Selbstbestimmung
- Eigenverantwortung
- Verlässlichkeit
- Glaubwürdigkeit
- Innere Ruhe und Gelassenheit
- Gutes Selbstwertgefühl
- Klares und auch kritisches Bewusstsein von sich selbst
- Offenheit und Respekt gegenüber anderen Menschen
- Empathiefähigkeit
- Vertrauenswürdigkeit
- Über-der-Situation-Stehen

Als souverän gilt in der Regel jemand, der nicht spontan, sondern überlegt handelt, jemand, dem es gelingt, alles im Griff zu haben, Herr der Lage zu sein, sich keine Blöße zu geben und allzeit mit Gelassenheit und Entschlossenheit den Herausforderungen des Lebens zu begegnen.
Souveränität ist keine angeborene, sondern eine erlernte Eigenschaft und Fähigkeit, die – in Grenzen – trainiert werden kann. Übernehmen Sie ganz bewusst die Verantwortung für Ihr eigenes

Handeln und Nichthandeln, vermeiden Sie alles, womit Sie Ihre persönliche Glaubwürdigkeit aufs Spiel setzen würden. Stehen Sie zu Ihren Zusagen. Orientieren Sie sich an der indianischen Redensart: „Urteile nie über einen anderen Menschen, bevor du nicht einen Mond lang in seinen Mokassins gegangen bist."

Souveräne Persönlichkeiten setzen sich Ziele und zeigen sich authentisch, loyal und integer. Ihr Verhalten steht nicht im Widerspruch zu ihrem inneren Wesen und wirkt deshalb nicht aufgesetzt, gekünstelt oder erzwungen.

Souveräne Menschen sind sich über ihre Stärken und Schwächen im Klaren, verstecken sich nicht hinter einer Fassade, die nicht zu ihrer Persönlichkeit passt und verzichten auf Täuschungsmanöver, auch weil sie wissen, was Abraham Lincoln auf den Punkt gebracht hat: „Man kann einen Teil des Volkes die ganze Zeit täuschen, und das ganze Volk einen Teil der Zeit. Aber man kann nicht das gesamte Volk die ganze Zeit täuschen."

Eine souveräne Persönlichkeit ist emotional stabil und strahlt dadurch Sicherheit aus (vgl. auch „Kann man Optimismus lernen?", S. 95ff.). Sie ist achtsam, beobachtet eine Situation und bildet sich ihre eigene Meinung, auf die sie dann auch vertraut.

Souveränität ist eine maßgebliche Fähigkeit, um schwierige Situationen durchzustehen. Souveränes Auftreten ist im beruflichen Kontext unverzichtbar. Wer schon dadurch überzeugt, setzt sich damit „von der Masse" ab und Türen, die für andere verschlossen bleiben, stehen ihm offen. Die Notwendigkeit von persönlicher Souveränität stellt sich jedoch nicht nur im Berufsleben, sondern betrifft letztlich alle Lebensbereiche.

Sich in Gesprächen selbstbewusst und überzeugend verhalten

Zu hilfreichen und fruchtbringenden Gesprächen gehört unabdingbar das Zuhören-Können. Wie Untersuchungen gezeigt haben, reden zum Beispiel sehr erfolgreiche Verkäufer nicht halb so viel wie wenig erfolgreiche. Wer in Gesprächen oftmals andere unterbricht und dabei selten an deren Äußerungen anknüpft, wird meist als egozentrisch oder gar selbstherrlich erlebt. Vor allem Menschen, die sich selber gerne reden hören, beklagen sich häufig darüber, dass ihnen niemand zuhört. Aktives Zuhören kann man lernen; allerdings erfordert es die volle Aufmerksamkeit und Anteilnahme des Zuhörenden.

Angst und Nervosität verraten sich häufig durch schnelles und hastiges Sprechen. Halten Sie sich an das Schema: Empfinden – Denken – Sprechen. Machen Sie sich zuerst Ihre Empfindungen bewusst, dann denken Sie, dann sprechen Sie. Dadurch vermeiden Sie es, Dinge zu sagen, die Sie eigentlich nicht sagen wollen, denn: Wer ist durch einige Worte zu viel nicht schon in Schwierigkeiten gekommen.

Sie wirken überzeugender, wenn Sie Ihre Zuhörer nicht mit Meinungen, sondern mit „handfesten“ Tatsachen konfrontieren. Personen mit großer Überzeugungskraft wissen, dass sich andere Menschen leichter von konkreten Beispielen und Erfahrungen beeinflussen lassen als von pauschalen Feststellungen und allgemeinen Grundsätzen.

Wer in Gesprächen Erfolg haben will, sollte zunächst Vertrauen schaffen und Anteilnahme bekunden. Wenn sich Ihr Gesprächspartner über etwas Sorgen macht, können Sie darauf zum Beispiel mit der Bemerkung reagieren: „Das kann ich Ihnen nachfühlen, mir würde es genauso gehen“. Damit drücken Sie Verständnis für seine Lage aus, und er wird Ihnen bei Ihrem Anliegen weit bereitwilliger zuhören.

Üben Sie sich in der Äußerung abweichender Meinungen. Lernen Sie zu widersprechen. Drücken Sie Ihre Nichtübereinstimmung mit einem Gesprächspartner aktiv aus. Mit einem höflichen aber bestimmten: „Da bin ich anderer Ansicht", können Sie sich Aufmerksamkeit verschaffen.

Wenn Sie das Gefühl haben, dass es Ihrem Gesprächspartner mehr um seine Dominanzposition und weniger um die Sache geht, könnten Sie zu ihm sagen: „Im Moment ist es für Sie offensichtlich besonders wichtig, recht zu behalten. Ich will dieses Gespräch jetzt nicht weiter fortsetzen."

Limpach wird der Satz zugeschrieben: „Der Humor ist eine Blüte des Herzens, der Witz ist eine Frucht des Verstandes." Mit Humor können Sie Zuneigung ausdrücken und Schlagfertigkeit beweisen. Ironie, Spott und Sarkasmus dagegen wirken oft destruktiv. Sie werden häufig als getarnte Feindseligkeit empfunden, und nicht nur erfahrene Komiker setzen diese Abart des Humors gern als Waffen ein. Humor in Gesprächen selbstbewusst anzuwenden, setzt – neben einiger Übung – die Fähigkeit voraus, zwischen Humor und seinem Missbrauch zu unterscheiden. „Achillesfersenhumoristen" sind besonders unangenehme Mitmenschen. Sie richten ihr Augenmerk und ihre „Pfeile" auf die wunden Punkte ihrer Opfer. Ihnen geht es vor allem darum, dass andere über die Zielscheibe ihres Spotts lachen.

Ein Beispiel für geist- und humorvolles Kontern einer ironischen Bemerkung findet sich in einem Buch von Johannes B. Lotz[24]: „Zu Chesterton, dessen Umfang beträchtlich war, bemerkte George Bernard Shaw: ‚Du bist so dick. Man könnte meinen, du bekämest ein Kind.' Darauf entgegnete Chesterton: ‚Deine Vermutung ist nicht ganz ohne Fundament. Ich habe auch schon über einen Namen für das Kind nachgedacht. Wenn es ein Junge wird, heißt er

[24] Lotz, J. B.: Lachen ist eine Gabe Gottes, Freiburg im Breisgau 1983, S. 106f.

George. Wenn es ein Mädchen wird, heißt es Bernardine. Und wenn es ein Wind ist, heißt er Shaw'."

Fred Endrikat charakterisiert den Humor mit launigen Versen:[25]
„Humor ist schwierig oder gar nicht zu ergründen. Er ist stets taktvoll, niemals vorlaut und nicht spitz. Humor ist zu erleben und nicht zu erfinden, im Gegensatz zu seinem kleinen Bruder Witz. Humor ist unser Freund in allen Lebenslagen, weil er dem Herz entspringt und nicht dem Intellekt. Man kann zum Beispiel mit Humor die Wahrheit sagen, so dass sie uns bekommt und halb so bitter schmeckt."

[25] Endrikat, F.: Das große Endrikat-Buch, München 1976, S. 74

Lernen Sie situationsadäquat zu reagieren – trainieren Sie Ihre Schlagfertigkeit

Zwischenmenschliche Kontakte werden überwiegend durch das gesprochene Wort aufgenommen und aufrechterhalten. Das Gespräch ist eine der Grundformen des Gemeinschaftslebens, und nicht selten entwickelt sich daraus ein Machtkampf in Form eines Wortkampfes.

Recht haben und recht behalten sind oft zwei verschiedene Dinge. Die Erfahrung lehrt, dass leider nicht immer derjenige als Gewinner aus einem Wortstreit hervorgeht, auf dessen Seite Wahrheit und Recht liegen. Häufig obsiegt der Kontrahent, der, im übertragenen Sinn, am besten mit Florett oder Degen – gelegentlich auch mit dem schweren Säbel – umzugehen imstande ist. Nicht in jedem Fall geht es dabei fair zu. Um in der Fechtersprache zu bleiben: Hie und da werden auch „Sauhiebe" gesetzt. Der Vorteil, nach dem jeder Teilnehmer am Kampf der Meinungen strebt, ist die Schlagfertigkeit: Wer zum Schlage fertig ist, kann ihn sofort ausführen und ist dadurch in der besseren Position.

Blitzartiges Erfassen des Gesagten, der Blick für das Wesentliche und die Möglichkeit zu schlussfolgerndem Denken sind Voraussetzungen für schlagfertiges Reagieren in einem Disput. Ein Trost für die vielen, die sich in diesem Bereich schwertun: Auch Menschen, die wegen ihres „Mutterwitzes" und ihrer Schlagfertigkeit berühmt (und gefürchtet) sind, verschlägt es gelegentlich die Sprache, und die passende Antwort fällt ihnen nicht oder zu spät ein.

Wie alle körperlichen und geistigen Fähigkeiten beruht die „Kunst des Parierens" auf Begabung und Übung. In manchen Fällen lassen sich bei der Vorbereitung auf ein Gespräch oder eine Rede, der späteren Situation angemessene Reaktionen bereits einplanen. Winston Churchill zum Beispiel war bekannt für seine rhetorische Geschicklichkeit und als Debattenredner gefürchtet wegen seiner Schlagfertigkeit und wegen seines rasiermesserscharfen

Witzes. Von ihm wird gesagt, dass er sich auf Redeauftritte besonders intensiv vorbereitete und eigens provozierende Formulierungen in seinen Vortrag einbaute, auf die ein bestimmter Zwischenruf aus dem Zuhörerkreis zu erwarten war. Auf solche einkalkulierten Reaktionen aus dem Publikum bereitete Churchill eine treffende Antwort vor.

Vieles lässt sich anlässlich eines wichtigen Gesprächs im Voraus bedenken und durchspielen, zum Beispiel verschiedene Antworten auf die Frage: „Was sage ich, wenn ...?“. Sofern Ihnen die Lieblingsfragen und -argumente Ihres Gesprächspartners bekannt sind, können Sie dazu im Vorfeld bereits passende Antworten entwickeln. Wer gegnerische Einwände – etwa mit der Formulierung: „Es könnte die Frage auftauchen, ob es zweckmäßig ist...“ – vorwegnimmt, verringert das Gewicht dieser Einwände. Beobachten Sie aufmerksam die Rede- und Antworttechnik schlagfertiger Menschen, und nutzen Sie jede Gelegenheit zur Erweiterung und Verbesserung Ihres Wortschatzes. Viele Wörter der deutschen Sprache haben mehrere Bedeutungen. Ein vom Gesprächspartner in die Diskussion eingebrachtes Wort kann in vielen Fällen aufgegriffen und in einer anderen Bedeutung verwendet werden.

Situationsadäquates Verhalten und schlagfertiges verbales Reagieren lassen sich auch mental trainieren. Malen Sie sich Redesituationen mit treffenden Antworten und Anmerkungen in Ihrer Phantasie aus, damit Sie im konkreten Fall darauf zurückgreifen können.

Vielleicht sind Sie mit dem Verlauf einer bereits hinter Ihnen liegenden Unterredung nicht zufrieden. Auch aus einem für Sie negativen Gesprächsergebnis können Sie lernen. Rückbesinnende, selbstkritische Nachbereitungen von Gesprächen sind eine Hilfe für künftige Wortgefechte. Sie können sich nach verpassten Chancen für treffende Antworten (zum Beispiel auf Kärtchen im Format DIN A 6) entsprechende Notizen machen: „Was hätte ich an dieser oder jener Stelle sagen, welches Argument hätte ich einsetzen sollen?"

Legen Sie sich einen griffbereiten Vorrat an Redewendungen für Standardsituationen (Angriffe, Missachtungen Ihrer Person, Zwischenrufe...) an, und prägen Sie sich diese Formulierungen ein.

Studieren Sie die folgenden Beispiele. Sie stellen keine „Rezeptologie der Schlagfertigkeit" dar, sondern sie sollen lediglich als Anregungen dienen. Viele der angeführten Reaktionen lassen sich in abgewandelter Form auf andere Situationen übertragen.

Beispiele für witzige – in einigen Fällen auch „boshafte bis böse" – schlagfertige Antworten:

- Ein Schwätzer fragte den griechischen Philosophen Aristoteles: „Habe ich dich mit meinem Gerede sehr gelangweilt?" Antwort: „Ich habe dich nicht gehört, denn du sagtest ja nichts."
- „Wenn ich mit diesem ehrenwerten Mitglied des Hohen Hauses verheiratet wäre, würde ich ihm Gift verabfolgen." Winston Churchill erwiderte auf diesen Zwischenruf von Lady Astor im britischen Parlament: „Und wenn ich mit diesem ehrenwerten Mitglied des Hohen Hauses verheiratet wäre, würde ich das Gift sogar nehmen."
- Ein Angler wird gefragt: „Beißen sie?" Antwort: „Nur, wenn man mich reizt!"
- „Wie schmeckt Ihnen mein Kaffee?" Antwort: „Ich habe immer gemeint, Kaffee ist ein Wort – jetzt sehe ich: Kaffee ist ein Satz."
- „Verzeihen Sie, mein Name ist Meier". Antwort: „Ich verzeihe Ihnen."
- „Wir machen eine Denkpause." Kommentar: „Eine Pause zum Denken oder vom Denken?"
- „Der eine besticht durch Brillanz, der andere brilliert durch Bestechlichkeit."

In Versform kann man einiges sagen, was in Prosa den Unwillen vieler herausfordern würde:

- *„Ich schlief und träumte, das Leben sei Freude.*
  Ich erwachte und sah, das Leben war Pflicht.
  Ich handelte und siehe, die Pflicht ist Freude!"

Rabindranath Tagore

- *„Ein Mensch erhofft sich fromm und still,*
  Dass er einst das kriegt, was er will,
  Bis er dann dem Wahn erliegt,
  Und schließlich das will, was er kriegt."

Eugen Roth

- *„Erfolg im Leben ist etwas Sein, etwas Schein und sehr viel ‚Schwein'."*

Philip Rosenthal

- *„Ein Mensch wird laut, wenn er was will. Wenn er's erst hat, dann wird er still: Das ‚Danke!' ist, nach alter Sitte, weit seltner als das ‚Bitte, bitte'."*

Eugen Roth

- *„Nie dürft Ihr so tief sinken, von dem Kakao, durch den man Euch zieht, auch noch zu trinken."*

Joachim Ringelnatz

- *„Ein Mensch frisst viel in sich hinein: Missachtung, Ärger, Liebespein. Und jeder fragt mit stillem Graus, was kommt da wohl einmal heraus? Doch sieh! Nur Güte und Erbauung, der Mensch hat prächtige Verdauung."*

Eugen Roth

- *„Irrtümer haben ihren Wert, jedoch nur hie und da. Nicht jeder, der nach Indien fährt, entdeckt Amerika.“*

Joachim Ringelnatz

Der Ton macht die Musik! Wählen Sie im Bereich der Alltagsrhetorik Formulierungen, die zu Ihrem Stil passen. Werden Sie nicht zu einem Mann/einer Frau des „spitzen Wortes zur rechten Unzeit“.

Jemand sagt ...	*Reaktionsmöglichkeit(en)*
„Auge um Auge, Zahn um Zahn."	Die Forderung, „Auge um Auge, Zahn um Zahn", erzeugt eine Gesellschaft der Blinden und Zahnlosen. Vergeben statt vergelten heißt die Devise. „Ihr müsst die Menschen lieben, wenn ihr sie ändern wollt." (Johann Heinrich Pestalozzi)
„Gut Ding braucht Weile."	„Gut Ding braucht Weile – aber auch die schlampigen Arbeiten kosten Zeit."
„Sie sind zu vorsichtig."	„Wer zu nachsichtig ist, hat meistens das Nachsehen. Wer zu vorsichtig ist, hat meistens auch das Nachsehen."
„Bring' mir vom Kiosk eine Tageszeitung mit!"	„Ich besorge dir gern eine Zeitung, wenn du mich darum bittest. Befehle nehme ich nicht entgegen."
„Geben Sie mir den Salzstreuer!"	„Baten Sie mich um den Salzstreuer?"
„Zeit ist Geld."	„Zeit ist nicht Geld, sondern vor allem Leben."
„Geld stinkt nicht."	„Die zum Sprichwort gewordene Äußerung jenes römischen Kaisers, der eine Latrinensteuer erhob, bedarf einer Ergänzung: Geld stinkt zwar nicht, doch die Art und Weise, wie manche es sich beschaffen, stinkt zum Himmel."

Jemand sagt ...	*Reaktionsmöglichkeit(en)*
„Noch steht die Führung des Hauses hinter Ihnen."	„Eine gefährliche Position, denn von dort kommt in der Regel der Fußtritt."
„Wer zuletzt lacht, lacht am besten."	„Wer zuletzt lacht, hat in den meisten Fällen den Ernst der Lage leider immer noch nicht begriffen." „Wer zuletzt lacht, hat's nicht eher begriffen." „Wer zuletzt schießt, lebt am längsten."
„Ich muss Sie irgendwoher kennen."(Floskel)	„Das ist schon möglich, da bin ich öfter."
„Sie sind intelligenter als ich."(ironisch)	„Danke, okay, man sollte Tatsachenfeststellungen nicht widersprechen."
„Wer ‚A' sagt, muss auch ‚B' sagen."	„Wer ‚A' sagt, muss nicht zwangsläufig ‚B' sagen. Er kann auch erkennen, dass ‚A' falsch ist."
„Beantworten Sie die Frage mit einem klaren Ja oder Nein!"	„Antworten Sie einmal auf die Frage, ob Sie endlich damit aufgehört haben, Ihre Frau zu schlagen, mit ja oder nein!" „Das Unsympathische an Computern ist, dass sie nur *ja* oder *nein* sagen können, aber nicht *vielleicht.*"
„Der Klügere gibt nach."	„Die konsequente Befolgung des Satzes: ‚Der Klügere gibt nach' führt zwangsläufig zur Herrschaft der Dummen."

Jemand sagt ...	*Reaktionsmöglichkeit(en)*
	„Selten gibt der Gescheitere, meistens der Gescheiterte nach."
„Für Geld kann man alles bekommen."	„Wer der Meinung ist, dass man für Geld alles haben kann, gerät leicht in den Verdacht, dass er für Geld alles zu tun bereit ist."
„Ich reiß' mir keinen Fuß mehr aus."	„Ich beglückwünsche Sie zu Ihrem Entschluss, von der geplanten körperlichen Selbstverstümmelung Abstand zu nehmen."
„Spielen Sie mit offenen Karten!"	„Wer verlangt, dass mit offenen Karten gespielt wird, hat gewöhnlich alle Trümpfe in der Hand." (Graham Greene)
„Ich bleibe bei meinem Standpunkt."	„In Anlehnung an die mathematische Definition des Begriffs ‚Punkt', kann der ‚Standpunkt' auch der geistige Horizont mit Radius Null sein."
„Sie sind mir ein schöner Heiliger!"	„Wie Sie meinen – der Heiligenschein beginnt bereits zu drücken..." „Zu viel Weihrauch schwärzt den Heiligen." „Nicht alle Heiligen haben gut angefangen, aber alle haben gut geendet." (Pfarrer von Ars) „Die Menschen wären alle Heilige, wenn sie nur die Ratschläge befolgen würden, die sie anderen geben."

Jemand sagt ...	*Reaktionsmöglichkeit(en)*
	„Ein Genie kann nicht jeder sein – aber der Weg zur Heiligkeit steht allen offen.“ (Maximilian Kolbe)
„Das ist ein Schritt zurück.“	„Wenn man unmittelbar am Abgrund steht, ist ein Schritt zurück ein Fortschritt.“
„Die Umfrageergebnisse deuten ganz klar darauf hin, dass...“	„Am Palmsonntag hatte Jesus 90 % Zustimmung, am Karfreitag erfuhr er – durch dasselbe Volk – 90 % Ablehnung.“ „Erfahrene Propheten warten den Eintritt der Ereignisse ab.“ (Horace Walpole)
„Langsam kommt, was die betriebswirtschaftliche Entwicklung betrifft, ‚Licht' in Sicht ...“	„... vielleicht das Schlusslicht?“ „Das Licht am Ende eines Tunnels kann auch ein entgegenkommender ICE sein.“
„Das ist Schnee von gestern.“	„Der Schnee von gestern wird leicht zum Glatteis fürs Heute!“
„Sie ‚kleben‘ an Ihrem Sessel ...“	„Nicht ich klebe am Sessel – der Sessel klebt an mir.“
„Sie müssen Ihren Entschluss ändern.“	„Roma locuta, causa finita.“ („Rom hat gesprochen, die Sache ist entschieden/erledigt.“)

Jemand sagt ...	*Reaktionsmöglichkeit(en)*
„Das steht mir selbstverständlich auch zu."	„Quod licet Iovi, non licet bovi." Altrömisches Sprichwort: „Was dem Jupiter erlaubt ist, ist dem Ochsen (noch lange) nicht erlaubt." Frei übersetzt: „Eines schickt sich nicht für alle."
„Sie hätten besser geschwiegen."	„Vielleicht haben Sie recht. Nach dem Motto: ‚Si tacuisses, philosophus mansisses' (Hättest du geschwiegen, wärest du ein Philosoph geblieben) wird jemand, der sich nicht mit Reden hervortut, sogar für weise gehalten." „Ich sage in Zukunft gar nichts mehr. Das werde ich doch noch dürfen!"
„Wir wollten Sie nicht und haben Sie nicht gerufen."	„Sie haben mich nicht gewollt, und ich wollte nicht zu Ihnen kommen. Wir haben also eine gemeinsame Basis." (Joachim Kardinal Meisner, als er Erzbischof von Köln wurde)
„Sie sind nicht sehr entgegenkommend."	„Mit Sicherheit entgegenkommend sind Geisterfahrer."
„Sie haben aus der Vergangenheit (Geschichte) nichts gelernt."	„Die Geschichte lehrt, wie man sie fälscht." (Jerzy Lec) „Die Geschichte hat noch nie etwas anderes gelehrt, als dass die Menschen nichts aus ihr gelernt haben." (Georg Wilhelm Friedrich Hegel)

Jemand sagt ...	*Reaktionsmöglichkeit(en)*
„Man muss nicht immer mit der Zeit gehen."	„Wer nicht mit der Zeit geht, muss mit der Zeit gehen."
„XY ist schlau wie ein Fuchs."	„Die Klugheit des Fuchses wird oft überschätzt, weil man ihm auch noch die Dummheit der Hühner als Verdienst anrechnet."
„Sie erscheinen aber heute mit großem Aufgebot!"	„Die Afrikaner pflegen alle mitzunehmen, die daheim einen Staatsstreich unternehmen könnten." (F.-J. Strauß)
„Sie haben Ihren Vorsatz wieder nicht befolgt."	„Für dieses Jahr habe ich mir (deshalb) vorgenommen, mir nichts vorzunehmen – und das habe ich bis heute durchgehalten." (Robert Lembke)
„Ich muss Ihnen mangelnde Planung vorwerfen."	„Gelegentlich gilt: Planung ersetzt den Zufall durch Irrtum." „Ja, mach' nur einen Plan, und sei ein großes Licht. Mach' noch einen zweiten Plan, gehn tun sie beide nicht." (Bert Brecht)
„Ich nehme mir meine – durch das Grundgesetz gesicherte – Freiheit."	„Freiheit ist immer die Freiheit des Andersdenkenden." (Rosa Luxemburg) „Ihre Freiheit hört dort auf, wo meine beginnt." „Freiheit heißt, alles tun zu dürfen, was anderen nicht schadet."

Jemand sagt ...	*Reaktionsmöglichkeit(en)*
„Von moderner Kunst verstehen Sie wohl nicht sehr viel."	„Kunst kommt von Können, will sagen, ein echter Künstler denkt, die können mich mal." (Norbert Blüm)
„Wer im Glashaus sitzt, darf nicht mit Steinen werfen."	„Wer im Glashaus sitzt, muss mit Steinen rechnen."
„Sie sind zu weit gegangen..."	„Man muss wissen, bis wohin man zu weit gehen darf." (Jean Cocteau)
„Sie haben zu viel versprochen..."	„Jeder kann sich mal versprechen."
„Das ist mir alles zu theoretisch..."	„Theorie ist, wenn man weiß, wie es geht. Praxis ist, wenn es geht, aber man weiß nicht warum." (Henry Ford)
„Sie haben immer noch keine Lösungen anzubieten."	„Lösungen haben wir viele, doch leider passen nicht alle zu den Problemen."
„Sie sind auch nicht mehr der Alte..."	„Wenn jemand zu einem sagt, man sei nicht mehr der Alte, dann meint er in Wirklichkeit, dass man nicht mehr der Jüngste ist." (Heinz Rühmann)

Jemand sagt ...	*Reaktionsmöglichkeit(en)*
„Sie sehen das viel zu optimistisch."	„Optimist: ein Mensch, der die Dinge nicht so tragisch nimmt, wie sie in Wirklichkeit sind." (Karl Valentin) „Der Optimist denkt oft ebenso einseitig wie der Pessimist, aber er lebt froher." (Charlie Rivel) „Sie kennen doch den Witz von den zwei deutschen Schuhverkäufern, die nach Afrika geschickt wurden. Der Pessimist unter ihnen meldet nach Deutschland: ‚Kein Markt vorhanden, alle laufen barfuß!' Der Optimist dagegen telegraphiert: ‚Riesenmarkt in Afrika, alle laufen barfuß. Wir können mit unseren Schuhen Schutz gegen Sand und Dornen bieten!'"
„Das ärgert Sie wohl gar nicht?"	„Man kann sich über alles ärgern, ist jedoch nicht verpflichtet dazu." „Für seine Gefühle ist jeder selbst verantwortlich." „Affekte machen blind." „Wer sich zu Emotionen hinreißen lässt, verliert an Position." „Der Mensch ist, wenn er wütend wird, in seiner besten Verfassung – das heißt, zu allem fähig." (Manfred Rommel)

Jemand sagt ...	*Reaktionsmöglichkeit(en)*
„Sie haben sich in Ihrer Prognose wohl etwas verschätzt.“	„Ich liege lieber grob richtig als exakt falsch.“ (F.-J. Strauß)
„Dabei haben wir folgende Probleme...“	„Uns interessieren nicht die Probleme, sondern die Lösungen.“ „Haben Sie auch Lösungen oder sind Sie selbst ein Teil des Problems?“
„Sie halten sich wohl für besonders schön?“	„Natürlich bin ich schön, aber ich bin auch intelligent genug, mir nichts darauf einzubilden.“
„Für dieses Amt sind Sie wohl etwas zu alt.“	„Vierzig Jahre sind das Alter der Jugend, fünfzig die Jugend des Alters.“ „Lieber würzig mit vierzig als ranzig mit zwanzig.“ „Ein Mann kommt in die besten Jahre, wenn die guten vorüber sind.“
„Warum bekennen Sie sich nicht zu Ihren Fehlern?“	„In Vaterschaftsprozessen ist es die Regel, dass mögliche oder angebliche Väter sagen: ‚Wieso gerade ich? Ich war's nicht!' In ganz seltenen Fällen mag aber das Kindlein so attraktiv erscheinen, dass es umgekehrt heißt: ‚Wieso gerade der? Ich war's!'“
„Bescheidenheit ist auch nicht gerade Ihre Stärke.“	„Nur Lumpe sind bescheiden.“ (J. W. v. Goethe)

Jemand sagt ...	*Reaktionsmöglichkeit(en)*
„Früher war das alles viel besser...“	„Nostalgie ist die Fähigkeit, darüber zu trauern, dass es nicht mehr so ist, wie es früher nicht gewesen ist.“ (Manfred Rommel) „Nichts ist so sehr für die gute alte Zeit verantwortlich wie das schlechte Gedächtnis.“ (Anatole France) „Sentimentalität ist kein guter Ratgeber. Tradition kein ewiges Gesetz.“ „Tradition ist nicht das Bewahren der Glut unter der Asche, sondern das Weitertragen der Flamme.“ (Französisches Sprichwort)
„XY ist ein Hansdampf in allen Gassen.“	„Hansdampf in allen Gassen ist nicht gefragt, aber Hans, der sich in allen Gassen auskennt.“

Stimulus (Situation, Anlass, ...)	*Reaktionsmöglichkeit(en)*
Jemand „tratscht" permanent über andere.	„Wie glücklich würde mancher leben, wenn er sich um anderer Leute Sachen so wenig bekümmerte als um seine eigenen." (Georg Christoph Lichtenberg) „Wie macht man London zur saubersten Stadt der Welt?" Antwort: „Indem jeder vor seiner Tür kehrt." „Ich beteilige mich nicht am betriebsinternen Flurfunk." „Niemand trägt auf einer Party so viel zur Unterhaltung bei wie die, die gar nicht da sind." (Audrey Hepburn) „Wie doch die Interessen verschieden sind: Sie interessiert das, mich überhaupt nicht." „Geheimnisse belasten mich. Bitte, erzählen Sie mir diese Angelegenheit nicht."
Jemand bemerkt, dass Sie aus Unsicherheit rot geworden sind.	„Unter Erröten verstehen die Frauen, subkutan etwas Rouge aufzulegen, wenn die Situation es erfordert." (Peter Ustinov) „Nur distinguierte Damen halten ihre Regungen unter Putz."

Stimulus (Situation, Anlass, ...)	*Reaktionsmöglichkeit(en)*
Jemand wirft Ihnen Unentschlossenheit vor.	Kontern Sie mit einem Witz: XY sagt nach der Beendigung seiner Psychoanalyse zu seinem Freund: „Ich dachte immer, ich sei unentschlossen." Freund: „Und jetzt?" XY: „Nun bin ich mir nicht mehr so sicher."
Jemand „nervt" Sie durch den unkorrekten Gebrauch von Fremdwörtern.	Witz: Urlauber zur Bäuerin: „Wie sind Sie mit Ihren Hühnern zufrieden?" Bäuerin: „Mit der Brutalität sehr, mit der Legalität weniger." Anekdote: Der frühere Rottenburger Bischof Carl Joseph Hefele lehnte beim 1. Vatikanischen Konzil das Dogma von der Unfehlbarkeit des Papstes („Infallibilität") ab und prägte das Bonmot von der päpstlichen „Hinfallibilität".
Jemand erkundigt sich „bohrend" nach Ihrem Einkommen.	„Hier handelt es sich um private Dinge, die auch so bleiben sollen." „Über Geld spricht man nicht, Geld hat man." „Die Hälfte meines Gehaltes gehört zur Kategorie Schmerzensgeld." „Der Schwabe tut gern so, als ob er arm sei. Aber er ist beleidigt, wenn andere ihm das glauben." (Manfred Rommel)

Stimulus (Situation, Anlass, ...)	*Reaktionsmöglichkeit(en)*
Jemand wirft Ihnen „eigenwilligen Stil“ vor.	„Ich denke, man tut gut daran, so zu handeln, wie man ist, also mit Eigenschaften und Qualitäten, die man hat, und nicht mit solchen, die man sich ausleiht.“ „Wer in die Fußstapfen eines anderen tritt, wird ihn nie überholen.“
Ein Witzbold belästigt Sie mit seinen derben Späßen (Zoten).	„Was Sie absondern, betrachten Sie vielleicht als geistige Entschlackung, für mich ist es seelischer Stuhlgang.“
Jemand unterbricht Sie laufend und fällt Ihnen ins Wort.	„Darf ich zu Ende sprechen?“ „Lassen Sie mich bitte ausreden!“ „Sie haben mich nun schon zweimal unterbrochen...“ „Entschuldigen Sie, dass Sie mich schon wieder unterbrechen.“ (Ludwig Reiners) „Warum wollen Sie mich beim Reden stören, haben Sie Angst vor meinen Ausführungen?“
Jemand mäkelt laufend an Ihrer Arbeit herum und kritisiert zu Unrecht Ihre Entscheidungen.	„Es darf so mancher Talentlose von dem Werk so manches Talentvollen sagen: Wenn ich das machen könnte, würde ich es besser machen.“ (Marie von Ebner-Eschenbach) „Viele Menschen sind zum Tadeln geboren. Vom ganzen Achilles sehen sie nur die Ferse.“ „Tadel verpflichtet.“

Stimulus (Situation, Anlass, ...)	*Reaktionsmöglichkeit(en)*
	„Der Hund bellt gegen den Sonnenschein, und dennoch scheint die Sonne rein.“ „Ich habe die Pflicht, meine Arbeit zu tun und halte mich an das Motto: Die Hunde bellen und die Karawane zieht weiter.“ (Der Ursprung dieser Weisheit liegt im Türkischen: It ürür, kervan yürür.) „Was nennen die Menschen am liebsten dumm? Das Gescheite, das sie nicht verstehen.“ (Marie von Ebner-Eschenbach) „Erst soll man an sich selbst den strengsten Maßstab legen, eh' man sich unterfängt, des anderen Tun zu wägen.“ (Jean-Baptiste Molière) „Kritiker sind blutrünstige Leute, die es nicht bis zum Henker gebracht haben.“ (George Bernard Shaw)
Jemand benimmt sich bei einer Feier daneben.	„Beim Feiern kann man einen Menschen in einer Stunde besser kennenlernen als bei einem Gespräch in einem Jahr.“ (Plato)
Jemand macht sich über die geistigen Fähigkeiten eines anderen Menschen lustig.	„Es kann nicht lauter große Lichter geben. Die großen leuchten ja weithin, aber die kleinen wärmen.“ (Karl Heinrich Waggerl)

Stimulus (Situation, Anlass, ...)	*Reaktionsmöglichkeit(en)*
Jemand stört sich an Ihrer Zurückhaltung in einem Gespräch.	„Ich erstick' noch einmal an dem, was ich nicht sagen darf." (Robert Lembke) „Wir erheben uns nie höher, als wenn wir in Gedanken versinken." (Marie von Ebner-Eschenbach)
Jemand „poliert" bei Ihnen sein Wissen auf und gibt es anschließend als sein Eigenes aus; er schmückt sich also mit fremden Federn.	„Ich kenn' einen Kollegen, der bei einem Gedankenaustausch immer ein glänzendes Geschäft macht." (Robert Lembke)
Jemand wird von einem Arbeitskollegen weiterhin geduzt, obwohl er es sich bereits verbeten hat.	„Das vertrauliche Du signalisiert intimes Kennen des Gegenübers und macht den Zuhörer zum Outsider ... das muss nicht jedermann gefallen." „Plumpe Vertraulichkeiten schaffen keine besseren zwischenmenschlichen Beziehungen."
Jemand will mit Beispielen etwas beweisen.	„Beispiele (und Vergleiche) sind für eine Beweisführung wissenschaftstheoretisch unzulänglich; sie beweisen nie etwas, sondern erläutern allenfalls oder widerlegen. Alle Beispiele hinken."
Jemand lenkt im Gespräch immer wieder von der Sache ab und wird persönlich.	„Bemühen Sie sich, zur Sache zu sprechen!" „Sprechen Sie bitte zur Sache!"

Stimulus (Situation, Anlass, ...)	*Reaktionsmöglichkeit(en)*
	„Bisher haben Sie nicht die Fähigkeit bewiesen, sich zur Sache zu äußern.“ „Bleiben wir doch beim Thema, selbst wenn es Ihnen unangenehm ist.“ „Ich schlage vor, dass wir darauf verzichten, durch Unfairness und Abqualifizierung des anderen Punkte zu sammeln. In der Sache geht es doch um Folgendes...“
Jemand wirft Ihnen einen Fehler vor	„Fehler in der Zukunft zu vermeiden ist wichtiger, als die Schuldfrage zu klären.“
Jemand hat Sie mit einer langen, nichtssagenden Rede sehr gelangweilt	„Lauter programmatische Leersätze ...“ „Wie das Gebirg auch kreißt, 's kommt nur eine schnurrige Maus heraus.“ (Horaz) „Sancta Trivialitas!“ „Wer merkt schon im vollen Redefluss, dass er aufgehört hat zu denken!“ „Wie kann XY wissen, was er denkt, bevor er hört, was er sagt!“ „Sprache ist dem Menschen gegeben, um seine Gedankenlosigkeit zu verbergen.“ (Ludwig Reiners)

Stimulus (Situation, Anlass, …)	*Reaktionsmöglichkeit(en)*
	„Tritt fest auf, tu's Maul auf, hör' bald auf." (Martin Luther) „Lange Predigten in der Kirche sind eine moderne Form der Christenverfolgung." „Leise rieselt der Schmäh ..." „Die einen quatschen drauflos, die anderen denken irre lang nach, bevor sie *nichts* sagen."
Jemand will Sie durch den Vergleich mit einem anderen Menschen manipulieren.	„Wollen wir uns über andere unterhalten oder über die Sache?" „Jeder Mensch ist einmalig." „Ich werde nicht weiter versuchen, Sie von Ihrer Manipulation durch den Vergleich abzubringen." „Jedem gab Gott ein anderes Maß. Es ist deshalb töricht, sich mit anderen zu vergleichen."
Jemand greift Sie persönlich an und sucht den Streit.	„Nehmen Sie es mir bitte nicht übel, wenn ich so nicht mit mir sprechen lasse. Ich schätze Sie zu sehr." „Ich habe mir für heute vorgenommen, nicht zu streiten, sondern lieber aufzustehen und zu gehen: Also, lassen wir diese Form der Diskussion oder ich muss gehen."

Stimulus (Situation, Anlass, ...)	*Reaktionsmöglichkeit(en)*
	„Wenn Du im Recht bist, kannst Du es Dir leisten, die Ruhe zu bewahren. Wenn Du es nicht bist, kannst Du es Dir nicht leisten, sie zu verlieren.“ (Mahatma Gandhi) „Lautsprecher verstärken die Stimme, nicht die Argumente.“ „Ein Mensch ist wie ein Streichholz. Er zündet nicht, wenn er sich nicht an jemandem reibt.“ „Unangemessene Kritik und misslungene Satire trifft nur die, die sie produzieren.“ „Nicht Härte schmilzt das Eis, sondern Wärme.“
Jemand wirft Ihnen vor, gegen eine Anordnung „von oben“ nicht genügend Widerstand geleistet zu haben.	„Ich passe mich Vorschriften, die ich nicht ändern kann, an, ohne sie innerlich zu bejahen; das schont die Gesundheit.“ „Ich bete um die Gelassenheit, Dinge hinzunehmen, die ich nicht ändern kann, den Mut, Dinge zu ändern, die ich ändern kann und die Weisheit, das eine vom anderen zu unterscheiden.“ (nach Friedrich Christoph Oetinger) „Ich hab' hier bloß ein Amt und keine Meinung.“ (Friedrich Schiller)

Stimulus (Situation, Anlass, ...)	*Reaktionsmöglichkeit(en)*
Jemand wirft Ihnen vor, Sie hätten sich nicht an eine vorgegebene Regel gehalten.	„Ausnahmen bestätigen die Regel.“ „Ausnahmen sind nicht immer die Bestätigung einer alten Regel; sie können auch Vorboten einer neuen Regel sein.“
Jemand versucht, Sie durch Hätte-, Wäre-, Wenn-Fragen zu Spekulationen zu verleiten.	„Ich werde auf irrationale Fragen keine hypothetischen Antworten geben.“
Jemand mokiert sich darüber, dass Sie den Inhalt eines Bestsellers nicht kennen.	„Es ist ein angenehmes Gefühl von Unabhängigkeit, wenn man einen sogenannten Bestseller nicht gelesen hat.“
Während Sie noch reden, verlassen bereits einige Zuhörer den Saal.	„Ihr Verhalten erinnert mich an die Abschiedssymphonie von Haydn...“ (Ein Musiker nach dem anderen geht aus dem Saal, bis das ganze Orchester den Raum verlassen hat)

Wer das Sagen haben will, muss reden können

Viele Menschen leiden unter Lampenfieber (eigentlich „Rampenfieber"), wenn sie eine Rede oder einen Vortrag vor einer größeren Anzahl von Zuhörern zu halten haben. Der bloße Gedanke, plötzlich im Mittelpunkt der Aufmerksamkeit zu stehen, lässt sie schaudern. Als Begleiterscheinungen solcher Ängste treten häufig Nervosität, Schweißausbrüche und ein unangenehmes Gefühl in der Magengegend auf. Lampenfieber ist die Angst vor dem Versagen in der Bewährungsprobe des Rampenlichts. Auch geübte Redner werden immer wieder von dieser inneren Angespanntheit, Unruhe und nervösen Erregung befallen. Viele der besten Schauspieler und Sänger berichten davon, dass sie zeitlebens von Lampenfieber geplagt wurden und ihren Auftritten „entgegenfieberten" - und sie geben gleichzeitig zu, dass diese innere Spannung, die ihre Lösung im öffentlichen Auftreten findet, sie in ihrer Karriere mehr förderte als behinderte. Wer keinerlei Angst vor dem Auftritt hat, wirkt – weil es ihm meist an Selbstkritik mangelt – oft eingebildet, eitel oder hochnäsig auf sein Publikum. Ein gewisses Maß an Rampen- oder Lampenfieber ist somit eine Voraussetzung für den Erfolg als Redner.

Von diesem heilsamen Lampenfieber, das Routine vermeidet und Spannung sichert, sind überstarke Ängste zu unterscheiden, die manche Menschen panikartig überfallen und sie in ihrem Vortrag blockieren. Meist ist es die „Angst vor der Angst", die sich schon in der Vorbereitungsphase einer Rede oder eines Vortrags negativ bemerkbar macht.

Beantworten Sie sich die Frage: „Wovor ängstige ich mich eigentlich?" Damit haben Sie den ersten Schritt zur Überwindung Ihrer Angst getan; sie wird in Furcht transformiert. Da Angst objektlos ist, kann man ihr nur schwer beikommen. Im Gegensatz dazu lassen sich gegen die Furcht vernünftige Strategien entwickeln.

Übung macht den Meister – schützt aber nicht vor Angst. Die Beachtung der folgenden Ratschläge kann dabei helfen, das Auftreten starker innerer Spannungen schon im Vorfeld zu verhindern, beziehungsweise den Redner in die Lage zu versetzen, mit Ängsten, die ihn während seines Auftritts überfallen, angemessen umzugehen. Denken Sie daran: „Der erste Eindruck ist entscheidend und der letzte bleibt."

1. *Nutzen Sie jede Gelegenheit, um sich im Reden zu üben.*
   Durch häufiges Reden – zunächst am besten vor einer nicht zu großen Zahl von Zuhörern – gewinnen Sie Sicherheit für die Bewältigung schwieriger Situationen. Beginnen Sie im privaten Rahmen. Sprechen Sie auch einmal vor einem kleineren Kreis Ihrer Kollegen oder Mitarbeiter.
   Machen Sie während Ihrer Vorbereitungen für einen bereits terminlich fixierten Vortrag Redeproben, und kontrollieren Sie sich mit einem Tonbandgerät und einem Spiegel.
2. *Eine gründliche Vorbereitung vermittelt Sicherheit, verringert die Redeangst und ist eine wichtige Voraussetzung für eine gute Rede oder einen erfolgreichen Vortrag.*
   Wer zum Beispiel nur drei Minuten Redezeit zur Verfügung hat, muss seine Aussagen stichhaltiger formulieren und seine Argumente stärker „verdichten" als jemand, der eine Stunde Zeit hat, seine Gedanken auszubreiten. Es gilt deshalb der Grundsatz: Je kürzer die Rede, desto länger sollte die Vorbereitungszeit sein. Denken Sie jedoch auch daran, dass die Aussage: „Man kann über alles sprechen, nur nicht über zwanzig Minuten", viel Wahres enthält. Sie haben es vermutlich schon am eigenen Leib erfahren: Reden können erschöpfend in doppeltem Sinne sein: Thema erschöpft, Zuhörer erschöpft.
3. *Veranschaulichen Sie einen Sachverhalt – wo immer es möglich ist – mit bildhaften Mitteln.*
   „Von Informationen, die man nur hört, behält man etwa

20 %. Wenn man einen Sachverhalt hört und sieht, behält man ungefähr 70 % der Information."[26]

Powerpoint-Folien können einen Stichwortzettel entbehrlich machen und gelegentlich sogar als Rettungsanker fungieren, wenn die Gefahr besteht, dass der Redner ins Schwimmen kommt und von seinem Ziel abtreibt.

4. *Kontrollieren Sie vor der Rede, ob alle äußeren Voraussetzungen für einen störungsfreien Ablauf gegeben sind.*
   Überprüfen Sie nochmals die technischen Bedingungen (Pult, Mikrophon, Beleuchtung, Beamer, Flipchart, ...), Ihre Unterlagen (Manuskript, Stichwortzettel ...), Ihre Kleidung und Ihre Frisur.
5. *Bringen Sie Ihr Manuskript in eine leseleichte Form.*
   Viele Redner haben ihr Manuskriptblatt viel zu eng beschrieben; ein guter und häufiger Augenkontakt wird dadurch erschwert.
   Orientieren Sie sich bei der Wahl der Schriftgröße am Abstand zwischen dem Pult und den Augen. Unterstreichen Sie „Ankerbegriffe" beziehungsweise ganze Sätze, die wichtig sind.
   Beginnen Sie mit jedem Satz eine neue Zeile. Bei sehr langen Sätzen empfiehlt es sich sogar, nach einem Komma eine neue Zeile anzufangen.
6. *Geben Sie sich eine ehrliche Antwort auf die Frage: Wovor fürchte ich mich, wenn ich an die bevorstehende Rede denke?*
   Haben Sie Angst vor dem Thema, den Zuhörern oder den Räumlichkeiten? Wenn Sie wissen, wovor Sie sich fürchten, können Sie Ihr Lampenfieber wirkungsvoller bekämpfen.

---

[26] Ceh, J.: Optimales Lernen. Tips und Kniffe für geistiges Arbeiten, München 1985

Viele Menschen haben Angst vor dem Auftritt vor einem großen Zuhörerkreis, während sie keine Probleme damit haben, vor einer kleineren Gruppe zu sprechen. In einem kleineren Kreis reden die Zuhörer sozusagen mit; der Redner hat eine bessere Rückkopplung mit seinem Auditorium. Bei einem großen Publikum entsteht für den Vortragenden leicht der Eindruck, er spräche ins Leere, weil er oft nur die ersten Reihen der Zuhörer bewusst wahrnimmt. Denken Sie daran: Die Furcht vor einer Rede erwächst nicht aus der Redesituation selbst, sondern sie entsteht allein aus den Gedanken, die Sie sich darüber machen.

7. *Lernen und praktizieren Sie eine Entspannungsmethode.*
   Entspannung ist ein wirksames Mittel gegen Angstgefühle mit ihren Begleiterscheinungen. Angst und Entspannung sind vom physiologischen Ablauf her miteinander unvereinbar.
   Wer gelernt hat, sich quasi auf Kommando – auf ein Signal hin, das er sich selbst gibt – zu entspannen, kann sich „freispielen" für angemessenes Verhalten in Problemsituationen (zum Beispiel bei unfairen persönlichen Angriffen in einer Diskussion).
   Legen Sie bei Ihrer Atmung die Betonung auf den Ausatemtakt. Tiefes Ausatmen fördert das Loslassen-Können, reduziert innere Spannungen und hat eine beruhigende Wirkung.
8. *Essen Sie vor der Rede nur leichte Kost in geringen Mengen.*
   Schwere und umfangreiche Mahlzeiten belasten Sie beim Denken und Sprechen. Die gute Durchblutung des Gehirns ist bei einer Rede wichtiger als die Blutversorgung der Verdauungsorgane.
9. *Beschäftigen Sie sich – zumindest in der letzten halben Stunde vor Ihrem Auftritt – nicht mehr mit Ihrem Vortrag.*

Die Redevorbereitung soll nicht bis zum Redebeginn dauern. Versuchen Sie sich abzulenken, und entspannen Sie sich. Je wichtiger eine Rede für Sie ist, desto länger sollte die Entspannungsphase vor Beginn der Rede sein. Letzte hektische Korrekturen am Manuskript oder Stichwortzettel – kurz vor einer Rede – fördern Ihre Nervosität und Unsicherheit.

10. *Konzentrieren Sie sich während des Vortrags auf den Inhalt Ihrer Rede.*
    Machen Sie sich nicht permanent Gedanken darüber, wie Sie und Ihre Rede wohl auf die Zuhörer wirken. Lenken Sie Ihre Aufmerksamkeit auf etwas Wichtigeres und Sinnvolleres: den Inhalt Ihrer Rede. Wem es vorrangig darum geht, ein erfolgreicher Redner zu werden, muss davor zittern, erfolglos zu sein. Wem es nur um Bewunderung geht, die er ernten möchte, muss sich vor einer „Blamage“ fürchten. Wenn es Ihnen gelingt – durch Konzentration auf die „Sache“ – den Selbstbeobachtungszwang zu reduzieren, stellt sich der Erfolg Ihrer Rede quasi als Dreingabe von selber ein. Erfolg lässt sich nicht erzwingen. Er erfolgt dann, wenn Sie die inneren und äußeren Voraussetzungen dafür geschaffen haben.
11. *Fürchten Sie sich nicht vor einem unvollständigen Satz oder einer ungeschickten Formulierung.*
    Unvollendete Sätze oder „weniger glückliche“ Formulierungen fallen – wenn sie nicht zur Regel werden – außer Ihnen selbst, nur wenigen Zuhörern auf. Ein Vortrag gewinnt dadurch unter Umständen sogar an Ursprünglichkeit und wirkt persönlicher und menschlicher als eine perfekt geschliffene Rede. Ihre Zuhörer sind – in den allermeisten Fällen – Menschen, die kleine Schwächen gern verzeihen.

12. *Wenden Sie erprobte Methoden zur Überbrückung ungewollter Redepausen an.*
    „Steckenbleiben“ ist keine Katastrophe. Bei ungewollten Redepausen können Sie:
    - Ihre letzten Worte wiederholen;
    - Ihre letzte Aussage mit anderen Worten verdeutlichen;
    - das bereits Gesagte zusammenfassen;
    - eine witzige Bemerkung anbringen oder eine Anekdote erzählen;
    - eine rhetorische Frage stellen;
    - eine kurze Pause einlegen;
    - Ihren Zuhörern sagen, dass Sie den Faden verloren haben und in Ruhe in Ihren Redeunterlagen nachsehen;
    - mit Ihren Ausführungen einfach fortfahren;
    - sich einem neuen Teil Ihrer Rede zuwenden und das Versäumte später nachholen.
13. *Setzen Sie Verhaltensweisen ein, durch die Sie bei Ihrer Rede Selbstsicherheit ausstrahlen.*
    - Lernen Sie die ersten und die letzten drei bis fünf Sätze Ihres Vortrags auswendig.
    - Wenn Sie vor Beginn Ihrer Rede Platz genommen haben, schließen Sie – bevor Sie aufstehen – gegebenenfalls einen Knopf Ihres Jacketts, und atmen Sie noch einmal möglichst tief aus, bevor Sie sich erheben. Stehen Sie dann energisch auf, und gehen Sie mit raumgreifenden, festen, dynamischen, nicht zu langsamen Schritten zu dem Ort, von dem aus Sie Ihren Vortrag halten werden.
    - Stehen Sie aufrecht und gerade; nur so sind Sie groß, und Ihr Atem kann unbehindert strömen. Wer schlecht steht, wird auch sonst „einen schlechten Stand“ im Leben haben.

Die folgende eutonische Übung kann Ihnen helfen, einen harmonischen Spannungszustand zu erreichen: Nehmen Sie mit Ihren Füßen bewusst Kontakt mit dem Boden auf: Fühlen Sie die Haut Ihrer Füße – durch die Strümpfe hindurch – zum Boden; erspüren Sie besonders Ihre Fersen. Das Sich-bewusst-Machen der Fersen normalisiert und beruhigt.

- Nehmen Sie Blickkontakt mit Ihren Zuhörern auf, bevor Sie mit der Rede beginnen.
  Sprechen Sie – besonders am Anfang Ihres Vortrags – ruhig, langsam, betont und mit fester, lauter Stimme. Wer zu leise spricht, signalisiert damit, dass er unsicher ist.
- Halten Sie Ihre Hände möglichst oberhalb der Gürtellinie. Weite, offene Armbewegungen werden vom Betrachter den „selbstbewussten Gesten“ zugeordnet.
- Stellen Sie im Fortgang der Rede immer wieder den Blickkontakt zu Ihrem Publikum her. Wer häufig auf den Boden schaut, wirkt unsicher, wer oft aus dem Fenster blickt, erweckt den Eindruck von Arroganz.
- Halten Sie den Blickkontakt mit einem „Plus“-Mann (einer ,,Plus“-Frau), das heißt einem Zuhörer, bei dem Sie den Eindruck haben, dass er Ihnen gegenüber positiv eingestellt ist. Lassen Sie – von dieser „Plus“-Person ausgehend – Ihre Blicke immer wieder langsam in die Runde schweifen, damit alle Zuhörer das Gefühl haben, dass Sie sich für sie interessieren.
  Für unerfahrene Redner ist es in vielen Fällen eine Hilfe, wenn Freunde oder Verwandte in den ersten Reihen Platz genommen haben.

14. *Üben Sie sich in „PGH“ (Positiver Geisteshaltung); verwenden Sie selbstbejahende „Memos“.*

Rufen Sie sich immer wieder ins Bewusstsein: „Ich bin

sorgfältig und umfassend vorbereitet. Ich werde eine gute Rede halten." Suggerieren Sie sich: „Ich muss! Ich will! Ich kann!"; „Ich schaffe es!"

15. *Denken Sie daran: Nur, wenn Sie von einer Sache innerlich überzeugt sind, können Sie andere Menschen auch davon überzeugen.*
„In Dir muss brennen, was Du in anderen entzünden willst" (Augustinus). Wenn Ihre Zuhörer den Eindruck gewinnen, dass Sie sich mit Thematik und Inhalten Ihres Vortrags identifizieren, werden sie eher bereit sein, gegebenenfalls ihren eigenen Standpunkt in Frage zu stellen.
16. *Beziehen Sie die Zuhörer in Ihre Ausführungen ein.*
Stellen Sie sich auf den „Sie-Standpunkt". Benutzen Sie zum Beispiel statt der Formulierung: „Ich kann Ihnen hier ...", den Ausdruck: „Sie können hier ...". Den Zuhörer interessiert vor allem, was er aus Ihrem Vortrag mitnehmen und umsetzen kann und nicht so sehr, was Sie alles können.
17. *Stecken Sie sich Ihre eigenen Ziele, was den Erfolg Ihres Vortrags betrifft, nicht zu hoch.*
Ihre Zuhörer erwarten keine Wunder, und allen können Sie es ohnehin nicht recht machen.

Ein Nein zu anderen – vielleicht ein Ja zu sich selbst?

Vermutlich ist Ihnen das auch schon einmal passiert: Sie sagten „ja“, aber Sie dachten „nein“. Vielleicht haben Sie sich dadurch eine – an sich vermeidbare – Arbeit eingehandelt, zu der Sie überhaupt keine Lust hatten. Oder haben Sie Bekannten, die Sie zu einem Besuch am Wochenende einluden, spontan und freundlich Ihr Kommen zugesagt, obwohl Sie von Anfang an wussten, dass Sie der Einladung nicht folgen würden? Gelegentlich werden in solchen Fällen Schwierigkeiten erfunden, um dann leichter absagen zu können. Es soll auch Leute geben, die auf die Frage des Obers in einem Restaurant, ob ihnen das Essen geschmeckt habe – wider besseres Wissen – antworten: „Danke, ja“.
Um Nachteile zu vermeiden, um andere nicht zu verletzen oder um einfach seine Ruhe zu haben, werden in den geschilderten Situationen die eigenen Gefühle und Ansichten zurückgehalten, und es wird auf Unaufrichtigkeiten zurückgegriffen. Häufiges Verleugnen der eigenen Meinung kann zu psychischer Überforderung, Verringerung oder gar Verlust der Selbstachtung und zu Störungen in den Beziehungen zu anderen Menschen führen. Wer oft zu solchen „Notlügen“ greift, schadet sich auf die Dauer gesehen selber. Da ein solches Verhalten auf andere Menschen unzuverlässig wirkt und schlecht berechenbar ist, reagieren diese nicht selten unsicher, misstrauisch und aggressiv.
Wenn Sie es – aus Gründen übertriebener Rücksichtnahme – nicht wagen, anderen Menschen etwas zuzumuten und von ihnen etwas zu verlangen, müssen Sie damit rechnen, dass diese davon ausgehen, dass Sie selbst wunschlos glücklich sind. Dieses Missverständnis kann dann die Ursache dafür sein, dass Ihr rücksichtsvolles Verhalten keine Belohnung erfährt. Wer nicht nein sagen kann, ermuntert damit andere sogar noch, einem noch mehr abzufordern.

Ein Nein zu anderen kann ein Ja zu sich selbst sein. Zeigen Sie gesunden Egoismus. Denken Sie daran, dass Sie nicht ausschließlich dazu da sind, fremde Bedürfnisse zu befriedigen. Wie die Erfahrung lehrt, müssen Sie sich schon selber um die Erreichung Ihrer Ziele kümmern – in der Regel tut das kein anderer Mensch für Sie. Wenn Sie versuchen, Ihre berechtigten Ansprüche durchzusetzen, so denken Sie daran, dass Sie es nicht gegen andere, sondern für sich tun.

Klingelt zum Beispiel – in einem Ihnen unpassenden Augenblick – das Telefon, so könnten Sie sagen: „Rufen Sie mich bitte später an. Ich habe jetzt keine Zeit." Wenn sich jemand an der Kinokasse vordrängelt, könnten Sie sein Verhalten ruhig, freundlich und bestimmt etwa so kommentieren: „Sie sollten sich hinten anstellen. Wir warten alle, bis wir drankommen." Lassen Sie sich nicht unterdrücken, ausnutzen oder manipulieren. Leider verlangen viele Menschen von anderen mehr, als sie selber zu leisten bereit und imstande sind.

Selbstsicherheit und Selbstbehauptung lassen sich trainieren

Ihre Rechte verteidigen Sie am besten, indem Sie sie wahrnehmen. Denken Sie an die Lessing-Maxime: „Nur die Sache ist verloren, die man aufgibt.“ Sie sollten agieren und nicht nur reagieren.
Menschen mit geringem Selbstwertgefühl räumen dem eigenen Ich einen zu geringen Stellenwert ein. Sicher haben Sie aber auch schon die Erfahrung gemacht, dass eine zu starke Ich-Betonung abstoßend wirken und autoritäre Konfliktsituationen heraufbeschwören kann. In der Phase des Aufbaus und der Stabilisierung Ihres Selbstbewusstseins sollten Sie jedoch bewusst in Ihren Formulierungen Konjunktive und das unpersönliche Wort „man“ vermeiden. Betonen Sie Ihr Ich, und verwenden Sie dieses Wort mit Betonung: „Ich will ...“, „Ich meine ...“, „Ich habe...“, ...
Systematisches Kneifen vor Schwierigkeiten führt langfristig gesehen zu einem Verlust an Selbstwert. Selbstwertgefühl erwirbt man nur durch aktives Tun. Der Satz „Ich bin halt so schüchtern“, wird oft zur bequemen Ausrede, um sich nicht bemühen zu müssen. Machen Sie sich klar, wer oder was Sie bisher eingeschüchtert hat, damit Sie wissen, was Sie in Zukunft besser machen können. Kneifen Sie nicht mehr vor Situationen, die bei Ihnen Furcht auslösen; dadurch wird nur Ihre Furcht verstärkt, und Sie haben keine Möglichkeit, positive Erfahrungen zu sammeln.
Stellen Sie zur Durchführung Ihres Selbstbehauptungstrainings eine Liste für Sie schwieriger Aufgaben auf, und beginnen Sie mit der Aufgabe, die Ihnen am leichtesten fällt.
Einige Beispiele:

- Bitten Sie Ihnen unbekannte Menschen um Auskünfte und Gefälligkeiten. Verwenden Sie dazu etwa die Formulierung: „Grüß Gott, können Sie mir bitte sagen ...“, vermeiden Sie das häufig gebrauchte: „Entschuldigen Sie ...“
- Machen Sie anderen Menschen Komplimente für erbrachte

Leistungen. Erniedrigen Sie sich dabei nicht selbst, indem Sie zum Beispiel sagen: „Das hätte ich nie geschafft".

- Teilen Sie Ihre Bedürfnisse, Wünsche und Gefühle mit. Sagen Sie zum Beispiel in einem Geschäft: „Grüß Gott, ich interessiere mich für ...". Lassen Sie sich verschiedene Artikel zeigen, und lassen Sie sich beraten. Bedanken Sie sich für die Bemühungen des Verkaufspersonals, und sagen Sie dann höflich, Sie müssten noch Vergleichsangebote einholen.
- Bitten Sie eine Verkäuferin, wenn gerade viele Kunden im Laden sind, einen gekauften Artikel als Geschenk einzupacken.
- Versuchen Sie, einen Artikel, den Sie gekauft haben, kurz nach dem Kauf – auch ohne Vorlage des Kassenzettels – umzutauschen.
- Suchen Sie ein Geschäft auf, in dem man Sie nicht kennt, und bitten Sie die Verkäuferin (den Verkäufer), Ihnen einen 5-Euro-Schein in Kleingeld zu wechseln. Wenn man Ihrer Bitte nachkommt, so bedanken Sie sich höflich, tut man es nicht, so sagen Sie: „Trotzdem vielen Dank."
- Gehen Sie in einen Laden, kaufen Sie einen Gegenstand, und nehmen Sie sich vor, ihn ohne Erklärung oder Entschuldigung zurückzugeben. Sagen Sie nur: „Ich möchte das ... zurückgeben."
- Üben Sie es, sich öffentlicher Beachtung auszusetzen. Machen Sie zum Beispiel den Kellner in einem Lokal, der zwei Tische von Ihnen entfernt Gäste bedient, laut und vernehmlich darauf aufmerksam, dass Sie bezahlen wollen.
- Betreten Sie eine Gastwirtschaft, in der man Sie nicht kennt, gehen Sie an die Theke und sagen Sie: „Kann ich bitte ein Glas Wasser haben?" Gibt Ihnen die Bedienung das Glas, trinken Sie es aus und bedanken sich. Bekommen Sie es nicht, sagen Sie höflich: „Trotzdem vielen Dank."

- Nutzen Sie auch Gelegenheiten, Ihre Unzufriedenheit und Ihren Ärger angemessen auszudrücken: Sie könnten zum Beispiel gegebenenfalls zur Kellnerin sagen: „Ich hatte ein gut durchgebratenes Steak bestellt. Was Sie mir da serviert haben, ist jedoch noch blutig. Bringen Sie mir bitte, was ich bestellt habe." Wenn sich jemand in einem Geschäft vordrängelt, sprechen Sie ihn an: „Entschuldigen Sie, ich bin an der Reihe." Behandelt Sie jemand unfreundlich, so fragen Sie ihn: „Warum sind Sie eigentlich so unhöflich zu mir?"
- Grüßen Sie Arbeitskollegen, die Sie nur vom Sehen kennen, mit einem freundlichen „Guten Morgen", ohne einen Gegengruß zu erwarten.

Versuchen Sie nicht, es allen Leuten recht machen zu wollen. Sie setzen sich ein unerreichbares Ziel und begeben sich in die Abhängigkeit anderer Menschen. Wichtiger als die Wertschätzung durch andere ist, dass man sich selbst akzeptiert und achtet.

Auf A. Salter gehen die folgenden sechs Direktiven zurück, die während des Selbstbehauptungstrainings – neben der Arbeit an den konkreten sozialen Problemen – beachtet werden sollten:[27]

1. *Emotionales Sprechen*
   Positive und negative Gefühle, die in sozialen Situationen auftreten, sollten möglichst spontan ausgesprochen werden („feeling-talk").
2. *Expressives Sprechen*
   Die spontan auftretenden Emotionen sollen auch mimisch und gestisch zum Ausdruck gebracht werden („facial talk").

---

[27] Salter, A.: Conditioned reflex therapy, New York 1949

3. *Widerspruch und Angreifen*
   In der Auseinandersetzung mit anderen Menschen soll auf keinen Fall Übereinstimmung simuliert werden; der Austausch von Meinungen wird erst auf diese Weise wirklich fruchtbar („contradict and attack").
4. *Absichtlich häufiger Gebrauch des Wortes „Ich"*
   Das Wort „Ich" sollte im Dialog – wo immer möglich – vorsätzlich gebraucht werden. Die Angst, man könnte dadurch „eingebildet" und „unnatürlich" wirken, ist nach Auffassung von Salter unbegründet („deliberate use of the word ‚I'").
5. *Zustimmung bei Lob durch andere*
   Lob der eigenen Person soll angenommen werden. Gegebenenfalls ist auch Selbstlob – in entsprechender Form – durchaus angebracht („express agreement when you are praised").
6. *Improvisation*
   Hierbei geht es darum, das Gefühl des spontanen Handelns und des „Lebens für den Augenblick" wieder zu empfinden und entsprechende Reaktionen einzuüben („improvisation").

Körpersprachliche Möglichkeiten

„Der Körper ist der Übersetzer der Seele ins Sichtbare."

Christian Morgenstern

Wenn man die Wechselwirkung zwischen Körper und Psyche versteht, kann man sie für selbstsicheres Auftreten nutzen. Körpersprache (Kinesik) ist die erste Sprache, die wir gelernt haben.

Es ist nicht nur so, dass sich psychische Zustände im Körper ausdrücken (nonverbal als Körperhaltung, Gestik, Mimik), sondern Körperzustände beeinflussen auch psychische Dispositionen.

Zum Beispiel haben Körperhaltungen, die aus irgendeinem Grund eingenommen werden, Auswirkungen auf Emotionalität und Kognitionen (Denken, Bewertungen, Einstellungen).

Die unmittelbare Verknüpfung zwischen körperlichen und mentalen Vorgängen – im alltäglichen Sprachgebrauch schon lange als „Körper-Geist-Seele-Einheit" bekannt – bezeichnet man in der Wissenschaftssprache als „Embodiment" (deutsch: Verkörperung, Inkarnation, Verleiblichung).

Wie heisst es so schön: „You never get a second chance for a first impression!" Der viel zitierte erste Eindruck entsteht zwischen 150 Millisekunden und 90 Sekunden. Sie tun deshalb gut daran, sich von Anfang an selbstsicher und würdevoll zu zeigen. Wenn Ihnen das gelingt, werden Sie von Ihren Gesprächspartnern ernstgenommen und mit Respekt behandelt. Wer als sympathisch eingestuft wird, dem wird gleichzeitig Kompetenz zugeschrieben („Halo-Effekt"). Körpersprache macht bis zu 80 Prozent der Gesamtwirkung eines Menschen aus. An der eigenen Körpersprache kann man „Punkt für Punkt" arbeiten.

Andererseits beweisen die Beobachtungen von Paul Ekman, dass die Verbindung bestimmter Gefühle mit einem bestimmten Gesichtsausdruck angeboren sein muss – sonst wäre der betreffende Ausdruck nicht bei allen Menschen auf unserer Erde gleich.

Wer selbstsicher wirkt, bekommt von seinem Umfeld etwas Anderes gespiegelt, als der, der unsicher auftritt. Das wiederum verstärkt die Selbstsicherheit.

So zeigen Sie sich selbstsicher

Sie wissen: „Ein König muss aussehen wie ein König." Umgekehrt: Ein Bettler, der aussieht wie ein König, wird wohl kaum etwas geschenkt bekommen. Eine gute diesbezügliche Orientierungshilfe ist die sog. „Königliche Muthaltung" (Barbara Berckhan): Stellen Sie sich vor, Sie wären eine Königin oder ein König und Sie stehen, gehen, sitzen entsprechend majestätisch (schreiten, thronen). Halten Sie sich aufrecht! („Kopf hoch Prinzessin/Prinz, sonst rutscht die Krone!").

Was die königliche Muthaltung visuell vermittelt, bringt eine feste und deutliche Stimme akustisch rüber. Senden Sie optische und akustische Selbstsicherheitssignale aus.

- Zeigen Sie „Präsenz" (körperliches Äquivalent zur Geistesgegenwart).
  Sagen Sie zu sich: „Ich halte mich aufrecht, nur so bin ich groß!" (keine gebeugte Haltung).
- „Schultern tief und breit!" (Schultern „in hintere Hosentasche denken", keine nach vorn fallenden Schultern).
- Sich mit breiter Brust (d.h. angstfrei) präsentieren, Brustbein anheben. „Kopf hoch und locker" (Hals frei: Bei Angst zieht man den Kopf zwischen die Schultern, um den Nacken zu schützen).
- Bewegungen „fließend" (nicht eckig).
- Hände ruhig halten (nicht an Kleidung herumzupfen, nicht mit Haaren oder mit dem Schmuck spielen). Vermeiden Sie „Übersprunghandlungen".
- Mit festen, raumgreifenden, zielorientierten Schritten gehen (nicht „schleichen").

- „Meine Stimme ist mein Erfolgsfaktor Nr. 1!“ (feste, tiefe Stimme, klare ruhige Aussagen).
- Händedruck entschlossen und angemessen fest (weder schlaff noch „schraubstockhaft“).
- Ruhigen Blickkontakt halten (nicht „starren“); ein Blick nicht länger als ein Gedanke lang.
- Wer überzeugen will, muss ein gewisses Maß an Körperspannung aufweisen. „Krone-Erbse-Trick“: Füße hüftbreit auseinander, Brustbein anheben. Vorstellung: Krone auf Kopf, Erbse zwischen Pobacken festhalten.
- Zeigen Sie „Revierverhalten“: Den Raum einnehmen, der einem zusteht (beim Sitzen die gesamte Sitzfläche – nicht nur die Sitzflächenkante – nutzen, sich nicht freiwillig in hintere Reihen setzen).
- So standfest wie möglich stehen. Gewicht gleichmäßig auf beide Beine verteilen. Füße schulterbreit auseinander. Fersen gedanklich in den Boden „wachsen“ lassen (Fersenbewusstsein beruhigt!).
- Atmung tief und regelmäßig. Ausatmung betonen. Die Konzentration auf die Atempause ist ein außerordentlich intensives und wirksames Entspannungssignal.
- So-tun-als-ob-Verhalten einüben („Fake it till you make it“). Sich körpersprachlich so verhalten, als ob man schon so wäre, wie man sein will. Das Gehirn weiß nicht, ob ich etwas real erlebe, oder ob ich es mir nur vorstelle.

Üben, üben, üben... Auch in ganz normalen Alltagssituationen auf Schwachpunkte achten. Selbstsichere Körpersprache genießen, ohne sich dabei unter Druck zu setzen. Ab und an werden Sie Menschen begegnen, die sich am SABTA-Prinzip orientieren: Selbstbewusstes Auftreten bei totaler Ahnungslosigkeit).

Denken Sie daran:

„Das Lächeln, das Du aussendest, kehrt zu Dir zurück."

Indische Weisheit

„Lächeln ist die kürzeste Entfernung zwischen zwei Menschen."

„Lächeln ist die angenehmste Art, jemand die Zähne zu zeigen."

Botschaften, die Ihr Körper aussendet

Ungefähr die Hälfte aller Informationen über die Persönlichkeitseigenschaften eines Gesprächsteilnehmers wird - zumeist unbewusst - durch Mimik, Gestik und Körperhaltung übermittelt. Die psychologische Disziplin, die sich mit körpersprachlichen Äußerungen befasst, heißt Kinesik; sie wurde seit etwa 1950 systematisch entwickelt.

Eine Handbewegung, ein Augenaufschlag oder die Art, wie wir uns hinsetzen, kann dem aufmerksamen Beobachter u. U. viel mehr über uns verraten als das, was wir zu ihm sagen. Jede innere Bewegung drückt sich durch den Körper aus. Nach Samy Molcho ist der Körper „der Handschuh der Seele“.

Die Kontraktion der Muskulatur zum Beispiel ist eine Reaktion auf einen starken Reiz aus der Umwelt, der als Gefahr empfunden wird und einen Flucht- oder Kampfwunsch auslöst. Heftiges Atmen und ein verkrampftes Lächeln können als weitere Folgen eines – als Bedrohung empfundenen – Reizes auftreten.

Man kann auch in den Augen lesen: Freude erweitert die Pupillen, Gefahr verkleinert sie. Pupillen verändern sich jedoch auch bei einem Wechsel der Lichtverhältnisse - also ohne Beteiligung von Emotionen. Wer sich nur auf ein Körpersignal verlässt, läuft deshalb Gefahr, sich zu täuschen. Wenn jemand zum Beispiel „unruhig sitzt“, kann es sein, dass er unsicher oder aufgeregt ist - vielleicht hat er aber auch nur Rückenschmerzen.

Die Körpersprache ist komplex und beinhaltet viele Widersprüche. Nur das Resümee mehrerer Signale ergibt eine verlässliche Aussage, bezogen auf die Situation in der wir uns gerade befinden.

Wer besser kommuniziert, hat die besseren Erfolgschancen! Sie kommunizieren besser, wenn Sie das Verhalten Ihres Gesprächspartners erkennen und deuten und entsprechend darauf reagieren können. Ihr Gesprächspartner gibt Ihnen Zeichen, mit denen er verrät, was in ihm vorgeht.

Wer der Körpersprache anderer „zuhören“ kann, versteht viel mehr von den Mitmenschen, ihren Gefühlen, Wünschen und Absichten. Wer sich selbst aufmerksam beobachtet, erfährt auch etwas über die eigene Persönlichkeit.
Die Kenntnis des körpersprachlichen Zusammenhangs kann einem Menschen, der „verklemmt“ ist, (in Grenzen) helfen, seine innere Unsicherheit zu überwinden. Die Umwelt reagiert auf bestimmte Signale. Wer zum Beispiel aufrecht geht und dabei die Brust rausreckt, wirkt auf seine Mitmenschen beeindruckend oder gar gefährlich. Geht jemand gebeugt, erlebt er die Welt anders, weil er andere Signale aussendet und andere Antworten bekommt. Durch Änderung der Körperhaltung erlebt man die Welt anders – auch den eigenen Körper und die eigene Person, und man kann seine Persönlichkeit anders entfalten. Ein Vergleich: Wer bisher mit einem Wortschatz von 100 Wörtern einer Fremdsprache auskommen musste, kommt mit 200 Wörtern wesentlich besser zurecht.
Die Botschaften, die der Körper aussendet, können - richtig gedeutet - die „Wörtersprache“ bestätigen oder sie Lügen strafen. Beim Kommunikationsmittel Körpersprache unterscheidet man zum Beispiel Unsicherheitsgesten, die Sie gegebenenfalls vermeiden sollten, und Gesten, mit denen Sie Ihren Gesprächspartnern Selbstsicherheit signalisieren können.
Im Zusammenhang mit Körpersprache geht es wesentlich um

- Blickverhalten
- Mimik
- Gestik
- Körperhaltung
- Sprechweise
- Geruch

In der folgenden Aufstellung finden Sie eine Übersetzung entsprechender Körpersignale in die verbale Sprache. Sie sollten diese

Liste nicht zu ernst nehmen, aber Sie sollten wissen, wie Ihr Verhalten möglicherweise interpretiert werden kann.

Körpersignal	**Bedeutungen, Wirkungen**
Blickverhalten	
Guten Blickkontakt halten	Sicherheit; Arroganz
Keinen Blickkontakt halten	Unsicherheit; Konzentration; Nachdenklichkeit
Gerader Blick	Offenheit; Vertrauen; „reines Gewissen“
Schräger Blick	Abschätzende Zurückhaltung
Augen betont weit offen	Aufmerksamkeit; Aufnahmebereitschaft; Sympathie; „Flirtverhalten“
Verengte Augenöffnung	Konzentration; Entschlossenheit; Überkritische Haltung; Eigensinn
Zugekniffene Augen	Unlust; Abwehr
Auffällig häufiger Lidschlag	Nervosität; Befangenheit; Unsicherheit
Mimik	
Offenes Lächeln	Heiterkeit; Mitfreude empfinden
Gequältes Lächeln	Ironie; Schadenfreude; Ängstlichkeit

Körpersignal	**Bedeutungen, Wirkungen**
Augenbrauen heben	Zweifel; Skepsis; Erstaunen; Arroganz
Augenbrauen senken bzw. zusammenziehen	Ärger; Nachdenklichkeit
Zusammengepresster Mund	Zurückhaltung; Reserviertheit; Verkniffenheit; Kontaktarmut
Überwiegend geöffneter Mund	Mangel an Selbstkontrolle
Mundwinkel nach unten	„Bitterreaktion"; Pessimismus
Mundwinkel nach oben	Aktivität bis Abwehr
Unterlippe hochziehen	Überlegung; Nachdenklichkeit
Stirn runzeln	Entrüstung
Gestik	
Mit der Hand über die Stirn streichen	Verlegenheit; Wegwischen von Sorgen
Kinn streicheln	Nachdenklichkeit
Häufig kurz an die Nase greifen	Verlegenheit; Sich ertappt fühlen
Nase reiben	Nachdenklichkeit

Körpersignal	**Bedeutungen, Wirkungen**
Übertrieben kräftiger Händedruck („Knochenbrecher“)	Rücksichtslosigkeit; Angeberei
Kräftiger Händedruck (ohne Übertreibung)	Sicherheit; Aufrichtigkeit
Schlaffer Händedruck („Tote Hasenpfote“)	Unsicherheit; Kontaktarmut; leichte Beeinflussbarkeit
Hand wegziehen	Verschlossenheit
Hand vor den Mund halten: während des Sprechens nach dem Sprechen	 Unsicherheit Will das Gesagte zurücknehmen
Mit Händen Spitzdach formen in Richtung des Gesprächspartners nach oben	Arroganz; Abwehr gegen Einwände; Nachdenklichkeit
Hände reiben: schnell langsam	 Schadenfreude Zufriedenheit; Freude
Mit Bleistift oder Heftklammer spielen	Nervosität
Spielende Hände	Erregung; Nervosität; Befangenheit; Verwirrung; Angst
Hand zur Faust verkrampfen	(verhaltener) Zorn

Körpersignal	**Bedeutungen, Wirkungen**
Hände in die Hüften stemmen	Überlegenheitsgefühl; Imponiergehabe; Entrüstung
Hände in die Hosentaschen stecken	Entspannung; Arroganz
Hände unter dem Tisch halten	Unsicherheit
Hände vor die Brust legen	Beteuerungsgeste
Hände vor der Brust kreuzen	Ergebenheit; Demut
Hände auf den Rücken legen	Autoritätshaltung; Arroganz; Befangenheit
Hände zusammenkrampfen	Nervosität; Aggression
Hände im Nacken verschränken	Wohlbehagen; Entspannung
Kopf auf Hände stützen	Nachdenklichkeit; Erschöpfung; Langeweile
Über den Hinterkopf streichen, zupfen an den Ohren	Verlegenheit; Unbehagen; Ärger
Sprecher hält Armlehnen mit beiden Händen fest	Unsicherheit; Verkrampfung; Aggressivität; Neigung zu Weitschweifigkeit
Weite Armbewegungen	Sicherheit

Körpersignal	**Bedeutungen, Wirkungen**
Kurze, enge, andeutende Hand- und Armbewegungen	Unsicherheit
Verschränkte Arme	Selbstschutz; Ablehnung; Verschlossenheit
Finger zum Mund nehmen: für kurze Zeit für längere Zeit	 Verlegenheit Nachdenklichkeit
Mit den Fingern trommeln	Ungeduld; Nervosität
Mit den Fingern „schnipsen“: mehrmals einmal	 Lösung suchen Lösung gefunden; plötzlicher Einfall
Mit dem Zeigefinger auf den Tisch pochen	Nachdruck verleihen; von etwas überzeugt sein; auf etwas bestehen
Fingerkuppen einer Hand aneinanderpressen	Unterstreichen einer Aussage; überzeugt sein
Zeigefinger heben	Belehrung; Tadel
Mit dem Finger zeigen: „Sie sind...“	Entrüstung; Aggression
Hantieren mit der Brille: Hochschieben Hastiges Abnehmen Häufiges Abnehmen	 Zeit gewinnen; Nachdenklichkeit Verwirrung; Erregung; Zorn; Nervosität Ablehnung; Angriff

Botschaften, die Ihr Körper aussendet

Körpersignal	**Bedeutungen, Wirkungen**
Körperhaltung	
Übereinandergeschlagene Beine: zum Gesprächspartner hin vom Gesprächspartner weg Knie mit beiden Händen umfassen	 Aufbau eines Sympathiefeldes Ablehnung; Unwillen Kritik; Skepsis
Dicht aneinandergestellte Füße beim Sitzen	Ängstlichkeit; Schuldgefühle; „Einzelgänger"; überkorrekte Grundeinstellung
Breit auseinanderklaffende Beine beim Sitzen	Sorglose Unbekümmertheit; Rücksichtslosigkeit
Füße um Stuhlbein legen	Unsicherheit; Halt suchend
Füße im Sitzen nach hinten nehmen	Ablehnung; Angriff
Füße verschränken	Selbstsicherheit; Arroganz
Beim Sitzen mit Oberkörper weit nach vorne kommen	Interesse; will unterbrechen, eingreifen, abbrechen; schaltet sich ins Gespräch ein
Oberkörper weit zurücklehnen	Abwarten; Ablehnung
Steife, militärische Körperhaltung, geziert aufrecht	Unterdrückung von Angst

Körpersignal	**Bedeutungen, Wirkungen**
Breitbeiniges Stehen, Daumen in Achselhöhlen	Selbstsicherheit; Arroganz
Jackett öffnen	Entspannung; Sicherheit
Sprechweise	
Lautstarke Stimme	Vitalität; Selbstbewusstsein; Kontaktfreude; Unbeherrschtheit; Geltungsdrang
Leise, flüsternde Stimme	Mangelndes Selbstbewusstsein; Schwäche; Sachlichkeit; Bescheidenheit
Schnelles Sprechtempo	Impulsivität; Temperament; Ungezügeltheit; Nervosität
Langsames Sprechtempo	Ausgeglichenheit; Besonnenheit; Sachlichkeit; Antriebsschwäche
Wechselndes Sprechtempo	Unausgeglichenheit
Ausgeprägte Pausengestaltung	Disziplin; Selbstbewusstsein
Starke Akzentuierung	Gefühlsstärke; Lebhaftigkeit
Schwache Akzentuierung	Uninteressiertheit; mangelndes inneres Engagement; geringe geistige Flexibilität

Körpersignal	**Bedeutungen, Wirkungen**
Geruch	
Parfüm: in dezenter Dosierung in starker Dosierung	 Werbung Unsicherheit; „Vernebelungsabsicht“
Schweißgeruch	Ängstlichkeit; Unordentlichkeit

Wie Sie bereits erfahren haben, sind körperliche Aussagen – abhängig von der jeweiligen Situation – mehrdeutig. Verschiedene gleichgerichtete körpersprachliche Äußerungen erhöhen die Sicherheit der Deutung. Ob Sie selbstbewusst oder ängstlich sind, drückt sich also auch in Ihrer Körperhaltung aus. Beobachten Sie nur einmal, wie viele Menschen in Ihrer Umgebung sich verkrampft, mit hochgezogenen Schultern und steifem, gekrümmtem Oberkörper bewegen. Haltungsfehler sind häufig der körperliche Ausdruck psychischer Verkrampftheit und fehlenden Spannungsgleichgewichts. Wer anatomisch richtig steht, wird auch sonst einen guten Stand im Leben haben; ihn „wirft so leicht nichts um“. Richtiges Stehen kann man lernen. Ziehen Sie bitte für die folgende eutonische Übung Ihre Schuhe aus.

- Stellen Sie sich so, dass Ihre Füße etwa eine Handbreit voneinander entfernt sind. Die Wirbelsäule ist aufrecht, der Kopf gerade, die Arme hängen locker neben dem Körper.
- Nehmen Sie alle Kontaktstellen Ihrer Fußsohlen mit dem Boden wahr. Lenken Sie Ihre Konzentration auf Ihre Fersen. Die Haut Ihrer Fersen fühlt sich durch die Strümpfe hindurch zum Boden hin.
- Lassen Sie nun in Ihrer Vorstellung, ohne irgendeine Bewegung und ohne den Druck auf den Boden zu verstärken,

Ihre Fersen in den Boden „hineinwachsen". Dabei werden die Füße „mitgenommen", jedoch die Fersen führen. Beobachten Sie, wie Sie durch diese Verlängerung, die nur in Ihrer Vorstellung erfolgt, Spannung abgeben können. Sie spüren, wie das „Fersenbewusstsein" beruhigt.

- Wenden Sie sich jetzt dem Punkt zu, an dem Ihre in der Vorstellung verlängerte Wirbelsäule – bei aufrechter Körperhaltung – durch Ihre Kopfhaut „tritt". Diesen Punkt nennen wir Scheitel. Lassen Sie nun Ihren Scheitel bzw. Ihre Scheitelhaare in Ihrer Vorstellung bis zur Decke nach oben „wachsen". Sie spüren, wie Ihre Körperhaltung natürlich, frei und aufrecht wird. Nehmen Sie immer wieder mit Ihren Füßen bewusst Kontakt zum Boden auf. Sie stehen aufrecht und stabil. Ihre Umgebung stellt fest: Dieser Mensch ist sich seiner sicher.

Auffällig sind Unterschiede zwischen der weiblichen und der männlichen Körpersprache. „Die allgemeinsten Merkmale der Körperhaltung von Frauen sind: Eng aneinandergehaltene Beine, gerade oder nach innen gestellte Füße, sowie eng am Körper gehaltene Arme, das heißt, die Frau macht sich vor allem schmal, nimmt wenig Raum in Anspruch. Die allgemeinsten Merkmale der Körperhaltung von Männern sind: Breite Beinhaltung, nach außen gestellte Füße, die Arme im Abstand zum Körper gehalten, das heißt, der Mann macht sich breit und nimmt allgemein für sich wesentlich mehr Raum in Anspruch als die Frau."[28]

Beobachtet man zwei Menschen, die sich treffen, so kann man an ihrem Verhalten ablesen, ob sie gleichwertige Partner sind: „Körperpolitik" lässt Statusunterschiede zwischen Menschen deutlich werden.

---

[28] Wex, M.: „Weibliche" und „männliche" Körpersprache als Folge patriarchalischer Machtverhältnisse, Hamburg 1979

Reiche und Mächtige nehmen sich das Recht, in die persönlichen Territorien von Untergebenen einzudringen. Sie bestimmen auch Art und Dauer eines Gesprächs und haben die Möglichkeit, andere warten zu lassen.

Überzeugend auftreten – Tipps für eine gelingende Selbstpräsentation

Ob Sie eine Stelle, um die Sie sich beworben haben, bekommen, ob Sie in ein Gremium gewählt werden oder ob Ihnen der Vorsitz einer Organisation oder ein politisches Amt übertragen wird, hängt sehr stark von dem Eindruck ab, den Sie hinterlassen.

Für die Ergebnisse von Gesprächen und Verhandlungen ist es oft entscheidend, ob wir Selbstsicherheit ausstrahlen. Wer selbstsicher auftritt, signalisiert – je nach Situation – dass er sich nicht abwimmeln lässt, dass er die besseren Argumente in der Hinterhand hat (muss nicht stimmen), dass er fachlich qualifizierter ist (muss ebenfalls nicht stimmen). Kurz: Selbstsicherheit zeigt der Gegenseite, dass Widerstand zwecklos ist.

Selbstsicherheit macht sich bemerkbar im Denken, Fühlen und Handeln. Sichtbar und hörbar ist das persönliche Auftreten. Dazu zählen eine gerade Körperhaltung, ein standhafter Blick, eine feste Stimme, eine deutliche Sprechweise und eine klare, strukturierte Ausdrucksweise. Dazu gehört auch, zu den Dingen zu stehen, die man verspricht, Meinungen zu haben und zu vertreten, auch wenn das bedeutet, mal gegen den Strom zu schwimmen. Selbstsicheres Handeln zeigt sich auch darin, Verantwortung für das eigene Leben zu übernehmen und nicht ständig andere dafür verantwortlich zu machen, wenn etwas schiefläuft. Das impliziert, Kritik äußern und annehmen zu können, sich Fehler zuzugestehen und vor anderen zugeben zu können und auch mal selbstbewusst Nein zu sagen.

Der erste Schritt in Richtung selbstsicheres und authentisches Auftreten ist, sich seiner selbst in allen Facetten bewusst zu sein, sich so, wie es im Moment ist, anzunehmen; gleichgültig wie inkompetent, schwach oder unsicher man sich gerade fühlt. Suchen Sie sich – passend zu Ihrer Situation – eine Affirmation wie: „Ich bin in Ordnung“ oder „Ich fühle mich der Situation gewachsen“. Wiederholen Sie diese Bejahung so oft es irgendwie geht.

> *„Niemand kann dich ohne dein Einverständnis dahin bringen, dich minderwertig zu fühlen.“*
>
> Eleanor Roosevelt

Menschen mit geringem Selbstwertgefühl halten nicht nur von sich selbst wenig. Für die praktizierte generelle Geringschätzung von allem und jedem haben die Engländer ein zungenbrecherisches Wort erfunden: *Floccinaucinihilipilification*. Es ist mit 29 Buchstaben das längste Wort in der ersten Auflage des Oxford English Dictionary.

Viele Menschen verkaufen sich schlecht, positionieren ihr Licht unter dem Scheffel. Ziel muss es sein, das herauszustellen, was Sie als Bewerber/Bewerberin für eine angestrebte Position qualifiziert. Eine wirkungsvolle persönliche Präsentation lässt sich trainieren und inszenieren.

Aus der Sprache des Marketings stammt das Wort Alleinstellungsmerkmal (Unique Selling Proposition, USP). Überlegen Sie sich in diesem Zusammenhang: Was macht Sie einmalig, bzw. was unterscheidet Sie von den anderen Kandidatinnen und Kandidaten? Was sind Ihre besonderen Fähigkeiten und Eigenschaften? Welche Highlights bietet Ihr beruflicher oder politischer Werdegang? Welche besonderen Verdienste oder Auszeichnungen haben Sie erworben? Was sind Ihre Ziele und Wertvorstellungen? Wie lautet Ihr persönliches Motto, Ihre Botschaft? Welches Image wollen Sie haben? Versuchen Sie, die Antwort auf diese Frage auf drei Schlagworte zu reduzieren, zum Beispiel: Optimistisch, kompetent, zuverlässig.

Der erste Eindruck prägt, der letzte bleibt. Starten Sie Ihren Auftritt mit einem „Ohrenöffner“, um das Interesse für Ihre Person zu wecken. Beginnen könnten Sie zum Beispiel mit einer kurzen Story: „Als ich hierherfuhr, erinnerte ich mich daran, dass ...“. Erst wenn Sie spüren, dass man Ihnen zuhört, nennen Sie Ihren Namen und zwar so, dass er von allen verstanden wird, zum Beispiel: „Ich heiße Ceh“, – Pause – „Johann Ceh“.

Achten Sie auf Wortwahl, Tonfall und Sprechweise. Der persönliche Eindruck, den Sie hinterlassen, setzt sich zusammen aus dem, was Sie und wie Sie es sagen. Schwächen Sie Ihre Aussagen nicht durch sprachliche „Weichmacher“ wie „eigentlich“ ab. Vermeiden Sie selbstabwertende Äußerungen, wie: „Ich habe da leider keinerlei Erfahrungen. Ich werde mich aber bemühen ...“ Besser ist es zu sagen: „Ich bin sicher, dass ich mich sehr schnell in die Materie einarbeiten werde.“ In Stresssituationen sprechen Menschen oft zu schnell, als wären sie auf der Flucht, und ihre Stimme wird vor Aufregung höher.

In Sachen Körpersprache und Mimik kommt es darauf an, Kompetenz und Souveränität auszustrahlen. Um sich eine aufrechte Haltung anzugewöhnen und um den Kopf ruhig zu halten, könnten Sie sich zur Übung ein Buch auf den Kopf legen, dann angemessenen Schritts herumlaufen, lächeln und beim Reden – dazu passend – gestikulieren. Dies bedeutet, Gesten immer aus der Körpermitte heraus zu machen, so als wollten Sie unter die Anwesenden Brötchen verteilen. Was das Outfit anbetrifft, sollten Sie so aussehen, wie man sich jemand in der angestrebten Position vorstellt.

Einer amerikanischen Studie zufolge wirken wir zu 38 Prozent durch Tonfall und Sprechweise, zu 55 Prozent durch Outfit, Körpersprache und Mimik und lediglich zu 7 Prozent durch unsere Worte.

Schließen Sie einen Vertrag mit sich selbst

Ihr Verhalten können nur Sie selbst ändern; von anderen können Sie lediglich dazu angeregt oder davon abgehalten werden. Viele Menschen träumen vom Erfolg und lesen Bücher über den Erfolg. Zuweilen streichen sie sich bei der Lektüre die eine oder andere Stelle an und legen dann den Ratgeber weg, mit dem festen Vorsatz, einige der empfohlenen Tipps in die Tat umzusetzen; oft jedoch leider mit der Einschränkung: „Bei Gelegenheit, nur nicht jetzt.“ Für das *„Jetzt“* haben solche Menschen entweder gar nichts im Sinn oder etwas Anderes. Damit überlisten sie sich selbst und drücken sich um die Verantwortung für eine Veränderung ihres Verhaltens. Das Hauptproblem aller in diesem Buch beschriebenen Techniken liegt im Transfer, in der konsequenten und dauerhaften Umsetzung in die Praxis.
Nehmen Sie sich die Zeit, Ihr Vorgehen *schriftlich* zu planen. Formulieren Sie Ziele. Überlegen Sie sich, bis wann Sie etwas erreicht haben wollen und wie Sie es erreichen wollen. Sagen Sie nicht: Dazu habe ich keine Zeit. Machen Sie es nicht wie der Waldarbeiter, der unter Einsatz aller Kräfte ächzend einen Baumstamm in Stücke zersägt und auf den Hinweis eines Spaziergängers, sein Werkzeug sei ja völlig stumpf, erklärt: „Ich habe keine Zeit, meine Säge zu schärfen, ich muss sägen.“
Unterschreiben Sie Ihren Erfolgsplan. Sie werden die Erfahrung machen: Bei der Umsetzung eines Planes, den Sie schriftlich ausgearbeitet und unterschrieben haben, entwickeln Sie mehr Ausdauer.

Ihre Planung könnte zum Beispiel folgendermaßen aussehen:

- Mein größtes Problem („Problem Nr. 1“) ist:

  ....

  ....

  ....

  ....

  Hinweise zur Lösung dieses Problems finde ich auf den Seiten .... dieses Buches.

- Konkrete Schritte zur Lösung des Problems Nr. 1:

  1. ....

  2. ....

  3. ....

  4. ....

- Wann werde ich den ersten und die folgenden Schritte zur Bewältigung des Problems Nr. 1 tun?

  1. ....

  2. ....

  3. ....

  4. ....

- Mit welchen Hindernissen muss ich bei der Problemlösung rechnen?

  ....

  ....

  ....

- Wann werde ich überprüfen, ob ich den Vertrag mit mir selbst eingehalten habe?

  1. Überprüfung: ....

  2. Überprüfung: ....

Ich setze mich nicht unter Erfolgszwang und betrachte auftretende Schwierigkeiten als etwas Nützliches, als Umwege bei der Erreichung meiner Ziele. Schwierigkeiten zeigen mir, wo die Fehler liegen, die ich beim nächsten Mal vermeiden muss.

....

(Datum) (Unterschrift)

Wenn Sie Ihr Problem Nr. 1 bewältigt haben, schließen Sie entsprechende Verträge mit sich selbst zur Lösung Ihrer anderen Probleme.

> *„Wer immer nur das tut, was er kann, der wird bleiben, was er ist!"*
>
> Napoleon Hill

Komme, was mag!

Umstände sollten nur in Ausnahmefällen Grundsätze verändern. Handeln Sie nie gegen Ihre persönliche Überzeugung, und verlassen Sie sich auf Ihr Gewissen. Nur so gewinnen Sie letztendlich Freiheit und Selbstsicherheit. Meine Freiheit kann nur darin bestehen, dass ich alles tun kann, was einem anderen nicht schadet. Hermann Hesse schreibt in „Demian": „Wer zu bequem ist, um selber zu denken und selber sein Richter zu sein, der fügt sich eben in die Verbote, wie sie nun einmal sind. Andere spüren selber Gebote in sich, ihnen sind Dinge verboten, die jeder Ehrenmann täglich tut, und es sind ihnen andere Dinge erlaubt, die sonst verpönt sind. Jeder muss für sich selbst stehen."[29]

„Nietzsche hat gesagt: ‚Wer ein Warum zu leben hat, erträgt fast jedes Wie.' Das heißt: Wer um den Sinn seines Lebens weiß, dem hilft dieses Bewusstsein mehr als alles andere, äußere Schwierigkeiten und innere Beschwerden zu überwinden."[30]

Im Werk des großen Psychologen Carl Gustav Jung findet sich der Satz: „Unter allen meinen Patienten jenseits der Lebensmitte ist nicht ein einziger, dessen endgültiges Problem nicht das der religiösen Einstellung wäre ... und keiner ist wirklich geheilt, der seine religiöse Einstellung nicht wieder erreicht." [31]

Der christliche Glaube versteht sich als Theologie der Hoffnung und Erlösung; er lässt Ängste zwar nicht verschwinden, aber für den, der glauben kann, sind sie leichter zu ertragen. Von Christian Morgenstern stammen die Worte: „Wer Gott aufgibt, der löscht die Sonne aus, um mit einer Laterne weiterzuwandern."

---

[29] Hesse, H.: Gesammelte Werke, Bd. 4, Frankfurt/Main 1970, S. 64f.

[30] Frankl, V.E.: Psychotherapie für den Laien, Freiburg im Breisgau 1971, S. 25

[31] Jung, C.G.: Psychologie und Religion, Olten 1972, S. 111

Statt eines Nachwortes

Den Schlüssel zum Erfolg hat:

Wer da anpackt, wo andere noch reden,

wer gelernt hat, mit seinen Sorgen und
Schwierigkeiten
fertig zu werden,

wer, statt übelzunehmen,
souverän zu lächeln versteht,

wer nur verspricht,
was er auch halten kann,

wer auf dem Standpunkt steht,
dass auch der Standpunkt
des anderen richtig sein kann,

wer seine Stärken nicht ausnutzt,
sondern anbietet.

Bitte denken Sie daran:

„Nichts ändert sich,
es sei denn wir ändern uns!
Denn: Die meisten Menschen sind nicht darauf bedacht,
sich zu ändern, sondern nur zu beweisen,
dass sie sich nicht zu ändern brauchen.
Ändern sollen sich nur die Anderen."

Erich Fromm

Literaturangaben

Berne, E.: Spiele der Erwachsenen, Reinbek bei Hamburg 1970

Ceh, J.: Prüfungsangst überwinden, München 1984

Ceh, J.: Optimales Lernen. Tips und Kniffe für geistiges Arbeiten, München 1985

Ceh, J.: Konflikte und Aggressionen bewältigen, München 1988

Ceh, J.: Besser denken, besser lernen. So meistern Sie jede Prüfung, Landsberg am Lech 1988

Ceh, J.: Gelassenheit trainieren, München 1989

Ceh, J.: Ihr Weg zu mehr Selbstbewusstsein. So bringen Sie sich wirksam auf Erfolgskurs, München 1992

Ceh, J.: Keine Angst vor Prüfungen. In Leistungssituationen souveräner werden, München/Landsberg am Lech 1993

Ceh, J.: Gott - Der ganz Andere. Erfahrungen der Nähe und der Abwesenheit Gottes, Aachen 2016

Ceh, J.: Ja, ich kann das!, Leistungssituationen angstfrei bewältigen. Souverän und gelassen auftreten, entscheiden, handeln, Stuttgart 2017

Ceh, J.: Richtig klug entscheiden. Sicher – kompetent – souverän – schnell, Norderstedt 2018

Coué, É.: Die Selbstbestimmung durch bewusste Autosuggestion, Basel 1973

Dörner, D.: Die Logik des Misslingens. Strategisches Denken in komplexen Situationen, Reinbek 2003

Ebert, K. / Ebert, K.D.: Erfolg ist kein Zufall, Düsseldorf 1987

Ellis, A.: Die rational-emotive Therapie, München 1977

Epiktet: Handbüchlein der Moral und Unterredungen (Herausgegeben von Heinrich Schmidt), Stuttgart 1978

Frankl, V.E.: Psychotherapie für den Laien, Freiburg im Breisgau 1971

Gulbransson, O.: Sprüche und Wahrheiten, München 1986

Hesse, H.: Gesammelte Werke, Bd. 4, Frankfurt/Main 1970

Lorenz, R. / Molzahn, R. / Teegen, F.: Verhaltensänderung in der Schule, Reinbek bei Hamburg 1976

Jung, C.G.: Psychologie und Religion, Olten 1972

Kahneman, D.: Schnelles Denken, langsames Denken, München 2012

Lehrer, J.: Wie wir entscheiden: Das erfolgreiche Zusammenspiel von Kopf und Bauch, München 2009

Lindemann, H.: Überleben im Stress, Autogenes Training, München 1978

Lotz, J. B.: Lachen ist eine Gabe Gottes, Freiburg im Breisgau 1983

Lukas, E.: Auch dein Leben hat Sinn, Freiburg im Breisgau 1980

Marks, M.: Krümm Dich beizeiten!, Heidelberg/Wiesbaden 1980

Maslow, A. H.: Motivation und Persönlichkeit, Reinbek bei Hamburg 1981

Maultsby, M. C. / Krämer, J.P.: Praxis der Selbstberatung bei seelischen Problemen, Freiburg-Basel-Wien 1984

Mewes, W.: Fortschrittliche Betriebsführung und Industrial Engineering, Heft 2 / 1977, Verband für Arbeitsstudien REFA

Murphy, J.: Die Macht Ihres Unterbewusstseins, Genf 1973

Salter, A.: Conditioned reflex therapy, New York 1949

Schellbach, O.: Mein Erfolgssystem, Baden-Baden 1959

Schellenberger, B. (Hrsg.): Bernhard von Clairvaux, Gotteserfahrung und Weg in die Welt, Olten 1982

Seligman, M.: Pessimisten küsst man nicht: Optimismus kann man lernen, München 2001

Seligman, M.E.P.: Der Glücks-Faktor. Warum Optimisten länger leben, Köln 2005

Wex, M.: „Weibliche“ und „männliche“ Körpersprache als Folge patriarchalischer Machtverhältnisse, Hamburg 1979

PROF. DR. JOHANN CEH

Abgeschlossene Studien

Allgemeiner Maschinenbau; Physik und Chemie für das Höhere Lehramt an Gymnasien; Psychologie; Pädagogik

Berufliche Erfahrungen

Ingenieurtätigkeit in Führungsposition; Aus- und Weiterbildung von Lehrern für Berufliche Schulen und Gymnasien; Schulleiter; Berater; Gutachter; Autor zahlreicher Bücher, Tonträger-Programme und Aufsätze in Fachzeitschriften

Tätigkeiten im Universitäts- und Hochschulbereich

Ausländische Universitäten: Adult Education
Hochschule Biberach: Organisationspsychologie; Entscheidungstheorie und Entscheidungspraxis; Beratungsangebot: Umgang mit Leistungsängsten und anderen Lernstörungen

Private Homepage:
www.johannceh.de

Weitere aktuelle Bücher

von

Prof. Dr. Johann Ceh

Richtig klug entscheiden

„Leben ist die Summe der gefällten Entscheidungen." Albert Camus

Klug entscheiden zu können ist eine Schlüsselqualifikation, die fächerübergreifend viele Türen öffnet. Oft bedeutet „entscheiden" auch Risiken einzugehen und Konfliktsituationen zu bewältigen. Beides macht die Psyche nicht gerne. In Entscheidungssituationen mit unsicherem Ergebnis wird abgewogen, verschoben, diskutiert, hinterfragt, zurückgestellt, analysiert, vertagt, schließlich bedauert. Die Lösung eines Problems wird so nicht selten selbst zum Problem, das belastend auf die Psyche wirkt. Wer jedoch, im Gegensatz dazu - mit Zutrauen zu sich selbst - davon ausgeht, dass er auch ein Scheitern bewältigt, kann Entscheidungen gut und nachhaltig treffen.

Was machen entscheidungsfreudige Menschen anders als Grübler und Zweifler? Sie wissen: Eine gute Entscheidung stimmt gefühlsmäßig und Sie sind überzeugt, mit den Konsequenzen einer Entscheidung leben zu können, auch wenn sie sich als falsch herausstellen sollte. Deshalb: Machen Sie sich mit professionellen Strategien und Methoden vertraut, damit Sie auch kurzfristig kluge Entscheidungen treffen, hinter denen Sie auch gegen mögliche Kritik stehen können, weil sie durchdacht sind. Eignen Sie sich eine professionelle Haltung zu Entscheidungen an.

Verbessern Sie Ihre Entscheidungskompetenz - dazu hilft Ihnen dieses Buch, das sich auf aktuelle Erkenntnisse der Gehirnforschung stützt.

ISBN 9-783-7460-0398-6 – VERLAG BoD Norderstedt

Ja, ich kann das!

Leistungssituationen angstfrei bewältigen

Schon die Griechen kannten vor 2000 Jahren den Zusammenhang zwischen Denken, Gefühlen und Verhalten. Epiktet sagte: „Es sind nicht die Dinge selbst, die uns beunruhigen, sondern unsere Vorstellungen und Meinungen von den Dingen." So wie wir über uns denken, so fühlen wir uns auch – unsere innere Einstellung prägt unser Handeln gegenüber uns selbst und unserer Umwelt.
Dieses Buch ist gedacht für psychologisch interessierte Laien, die eigene emotionale Probleme wie starke Ängste, Niedergeschlagenheit, Ärger, Wut, Entscheidungsschwäche, ... verstehen wollen und sich entschieden haben, diesem Leid ein Ende zu setzen, um sich selbst ein guter Freund zu sein.

„Ja, ich kann das!" ist ein Selbsthilfebuch; das Ergebnis einer langjährigen erfolgreichen Lehr-, Beratungs- und Führungstätigkeit. Selbsthilfe ist die beste aller Hilfsmöglichkeiten, da niemand mehr über Ihre Probleme und Möglichkeiten weiß als Sie selbst. Sie selber müssen die Verantwortung für Ihr Verhalten übernehmen, Ihre Probleme lösen und mit den Resultaten leben. Der Autor kann Ihnen nur dabei helfen, dass Sie sich auf dem Weg zum Ziel nicht verirren.

„Eine Reise von tausend Meilen beginnt mit dem ersten Schritt." (Laotse)

ISBN 978-3-946834-04-5 – VERRAI-VERLAG Stuttgart

Gott - Der ganz Andere

Mit einem Vorwort von Abtprimas Dr. Notker Wolf OSB

Christen glauben nicht an die Existenz vieler Götter, sondern daran, dass es einen einzigen Gott gibt.
„Du sollst dir kein Gottesbild machen“. So steht es in der Bibel. Und doch existieren seit unseren Kindertagen viele Vorstellungen über Gott in uns. Wir sprechen von Gott letztlich immer in menschlichen Begriffen und Bildern und müssen zugleich bekennen, dass Gott – jenseits aller Begriffe und Bilder – der ganz Andere ist.

Bilder sind allenfalls Hinweise auf Gott, Fenster durch die wir auf den unsichtbaren und unbegreiflichen Gott schauen können. Wenn Gottesbilder zerbrechen, ist uns Gott nicht abhandengekommen, sondern der Weg ist frei, ihn neu zu entdecken.

Gotteserfahrung ist immer etwas zutiefst Individuelles: Wie erlebe ich Gott in meinem Alltag, in meinen Sorgen und Sehnsüchten, meinen Ängsten und meiner Hoffnung? Bei vielen Menschen ist das Theodizee-Problem der Grund dafür, nicht (mehr) an Gott glauben zu können, das heißt die Frage, wie ein zugleich gütiger und gerechter wie allmächtiger Gott, das Leid der Kreatur, Unrecht und Böses in der Welt zulassen kann. Karl Rahner spricht in diesem Zusammenhang davon, dass die sicherste aller Eigenschaften Gottes seine Unbegreiflichkeit ist.

Begeben Sie sich mit dem Autor auf Spurensuche und kommen Sie jenem Gott näher, der unser Leben trägt.

ISBN-10: 3-8107-0253-6 – VERLAG MAINZ Aachen